her şerde *bir* hayır vardır

Her Şerde Bir Hayır Vardır

TUTKU YAYINEVİ ©

Editör : Füsun Dikmen
Kapak Tasarımı : Faruk Erşahin
Yay. Sertifika No : 15304
ISBN : 978-605-9734-03-5

1. Basım: Ekim 2015

TUTKU YAYINEVİ

Birlik Mah. Vadi İkizleri Sit. 445-446 Sok.
No: 1A/19 Çankaya - Ankara
Tel: (312) 442 73 95 - Faks: (312) 442 73 97

DAĞITIM

Dost Dağıtım : (312) 430 48 95
Alfa Dağıtım : (212) 511 53 03

TEMSİLCİLİKLERİMİZ

İzmir : Pan Kitabevi, Aykut Yenersu, Tel: (232) 369 11 99
Bursa : Bursa Kültür Merkezi, Tel: (224) 225 52 52
Adana : Kitapsan, Tel: (322) 239 06 22
Trabzon : Yolcu Kitabevi, Tel: (462) 326 83 13
Diyarbakır : Eğitim Kitabevi, Murat Aburşu, Tel: (412) 229 13 17
Elazığ : Batı Kitabevi, Hanifi Batı, Tel: (424) 237 69 71

Baskı : Desen Ofset A.Ş. (Sert. No:11289)
Birlik Mh. 448. Cd. 476. Sk. No:2
Çankaya-Ankara Tel: (312) 496 43 43

www.tutkuyayinevi.com

her şerde *bir* hayır vardır

B.Cengiz Bahar

Tutku Yayınevi

İÇİNDEKİLER

BİRİNCİ BÖLÜM

İKİNCİ BÖLÜM

BİRİNCİ BÖLÜM

HER İŞTE BİR HAYIR VARDIR!

KİRACILIKTAN EV SAHİPLİĞİNE

Çocukluğumun en güzel günlerinin geçtiği bahçeli ve meyve ağaçlı eski evimizde yaşarken bir gün ev sahibinin oğlu yanında nişanlısı olarak tanıttığı bir bayanla çıkagelir. 88'li yıllardı. Gençlerin gezecek çok fazla yeri olmadığı o günlerde meyve ağaçları ile dolu olan bahçemiz ev sahibinin oğlu ve nişanlısı için arada bir uğranılacak bir yerdi.

Yine bir gün ev sahibinin eşi kirayı almaya geldiğinde annemde haliyle düğünün ne zaman olacağını sorar kadıncağıza. Kadın ne olduğu anlamaz ama annem oğlunun nişanlısı ile geldiğini söyleyince kadın şaşırır kalır ve soluğu evde alır. Birkaç gün sonra bir cumartesi ev sahibinin oğlu büyük bir öfkeyle tek başına bize gelir. O gün babam evdedir ve evin önündeki avluda bir şeylerle uğraşmaktadır. Babamı ispiyonculukla suçlar ve küfretmeye başlar. Babamın olan bitenden haberi yoktur. Bahçe ziyareti için geldiğini bilse ona bile izin vermeyecektir. Tartışma sonrası ailesinden kız arkadaşını gizleyen ve bize nişanlım diye yutturan genç, bağırıp çağırmaları sonucu babamın tokadını yer. Tokadını yer yemez yere serilir ve evin yolunu tutar.

O günden sonra ev sahibinin gözünde oğlunu döven bir kiracı oluveririz. İki yıllık kiracılık hayatımız mahkemelik olmamız sonucu evden atılmamızla sonra erer.

18 yıllık kira hayatından sonra babam, o bölgeye yakın akrabalarımızın zamanında köydeki mülklerini satarak aldıkları arsalardan bizlerinde borçlanarak almamız yönünde tavsiyelere kulak verir. Evden atılmanın sonucu ve beş çocuklu bir ailenin yeni bir ev bulamama sorunu nedeniyle köydeki ufak tefek bahçeleri satarak ve eşten dosttan borç alarak küçük de olsa bir parsel satın alırız.

Uzun yıllar kiracılık hayatı yaşayan ve kendime ait toprağım olsun da varsın çadırda yatayım diyen birçokları gibi bizde birkaç ay akrabalarda yaşarız. Arsayı aldıktan sonra arsaya veresiye alınan taşlardan üç oda ev yaptırılır. Evin üzeri düz ağaç ve üstü topraktır. Yaklaşık bir yıl elektriksiz o evde yaşarız. Uzun bir süre de suyumuz bağlanmaz. Ev gecekondu özelliği taşıdığı için elektrik almamız için bazı prosedürlere ihtiyaç olduğundan gereksiz yere bir yıla yakın elektrikten mahrum kalırız. Uzun yıllar inşaat içinde yaşadığımız bir evimiz olur. Bahçesine farklı fidanlar dikerek o dönem zor şartlarda kuyudan çektiğimiz su ile sularız.

Birkaç yıl sonra birçok şey yerine oturur ve borçların çoğu ödenir ve sonuçta biz bahçeli bir evin sahibi oluruz. Önceki kira dönemlerine göre yaşam standartları olarak daha sıkıntılı bir süreç yaşarız. Beslenmeden tutun da ev konforuna kadar dönemin standartlarının çok altında dört beş yıl geçiririz. Önceki yıllarda eksik olmayan misafirlerimiz ise birden azalmıştır.

Büyük resme yıllar sonra baktığımızda ev sahibinin yaptığı yanlış bize birkaç yıl sıkıntılı bir hayata mal olmasına rağmen bu sıkıntıların sonunda ev sahibi olma ayrıcalığı da tanımıştır. Dönemin şartlarında kiralık ev bulmak kolay iken ve kira fiyatları düşükken yıllar sonra 7 çocuklu bir aile için kiralık ev bulmak neredeyse imkansız hale gelecektir. Sade tek maaşlı bir memur ailesi için emekli ikramiyesiyle bir ev satın almak ise yine o dönemin şartlarında güç bir hayalden öteye geçmeyecekti.

O dönem ailece evden mahkeme kararı ile çıkartılmamız hoş anlar yaşatmasa da yıllar sonra bize rahat günleri yaşatacaktı. O gün bize şer olarak gözüken bir olay yıllar sonra iyi ki olmuş dedirtecekti.

Bizim için olumsuz gözüken o olay gerçekte bizim için bir hayırlı bir olaya başlangıç yapacaktı.

Kötü ev sahibi kiracıyı ev sahibi yaptırır diye bir söz vardır. Ne kadar doğru olduğu tartışılır ama doğruluk payı oldukça yüksek bir sözdür.

Hayatımızın çoğunda yaşadığımız olumsuz olaylardan dolayı bunda da bir hayır vardır diyerek sonunda ne olacağını bekleriz.

Yaşadığımız her olay bizim için hayırlı bir sonuç mu getirecektir yoksa sıradan bir olay şeklinde mi cereyan edecektir?

Kırk yaşındaki bir kişi hayatında binlerce farklı olayla karşılaşır. Bunların hangisi onun için hayırlı bir sonla bitmiştir hangisi onun için olumsuz sonuçlarla sonlanmıştır.

Yaşadığımız her olay bir mucize midir yoksa gündelik bir olay mıdır?

Karşılaştığımız her kişi hayatımızda bir değişiklik yapacak mıdır?

Yaşadığımız olumsuz olaylar bizim için uzun vadede olumlu başka bir gelişmeye mi gebe kalacaktır?

Yaşadığımız olumlu gelişmeler bizim için bir süre sonra olumsuz olaylara mı dönüşecektir?

Yoksa yaşadıklarımıza biz mi abartarak anlam yüklüyoruz?

Bu ve benzeri soruların cevabını bu çalışmamızda farklı örnek ve yorumlarla değineceğiz!

Herkesin bildiği bir hikaye vardır. Farklı yorumları ile karşımıza bir şekilde çıkmıştır. Her işte bir hayır vardır şeklinde en çok yer alan hikayelerden biridir.

Hikayede:

"Padişahın biri ava gitmeye çok düşkünmüş, ava her gittiğinde yanında vezirini de götürürmüş. Bir gün yine ava gittiklerinde av esnasında veziri kazayla padişahın bir parmağını kılıcıyla keser. Padişah acı içerisinde sitem ederken, Vezir:

'Padişahım, her işte bir hayır vardır.' demiş. Padişah parmağının da acısının etkisiyle:

'Vezir! Bu işte ne hayır vardır ki?' diye sitem eder ve veziri zindana attırır.

Günlerden bir gün padişah yine ava gider. Yollarını insan eti yiyen bir kabile keser ve herkesi yakalarlar. Ama bu kabile bir kimsenin vücudunda bir noksanlık görünce o kimseyi yemezmiş. Padişahın çevresinde ki herkesi yerler, sadece padişah kalır, onun da parmağı kesik olduğu için serbest bırakırlar.

Padişah saraya döndüğünde muhafızlara veziri bırakmalarını söyler. Muhafızlar veziri zindandan aldıkları gibi padişahın huzuruna getirirler. Vezir şaşkınlık dolu gözlerle padişahı izlerken padişah vezirin boynuna sarılır ve af diler. Vezirine olan bitenleri tek tek anlatır:

'N'olur beni affet, sen benim hayatımın kurtulmasına vesile oldun, bense seni zindana attırdım.' der. Vezir:

'Padişahım, her şeyde bir hayır vardır. Siz canınızı sıkmayın ben sizi affettim. Sizin parmağınızın kesilmesi kadar benim de zindana attırılmamda hayır vardı.' der.

Padişah:

'Sen benim hayatımın kurtulmasına vesile oldun, bense seni zindana attırdım hayır bunun neresindedir?' der. Vezir padişaha şu cevabı verir:

'Padişahım, eğer siz beni zindana attırmasanız ben de o gün ava sizinle gelecektim ve benim vücudumda hiçbir noksanlık olmadığından öldürülecektim. Bu sebeple sizin beni zindana attırmanızda da büyük hikmetler vardır.' " der.

Hikayede kazara padişahın parmağını kesen vezir, o an için sadece özür dilemiş olsa idi padişahın öfkesinden yine de kurtulabilecek miydi? Büyük ihtimalle zindana atılmak yerine kellesi tez vakitte alınacaktı. Padişahın ormanda başına gelenlerden sonra parmağının kesik olması için şükretmesi ve vezirin söylediği sözü sebep bilmesi sonucu Vezir'in sözünün ne kadar doğru olduğu ortaya çıkmıştır. Padişah her ne kadar başlangıçta bir hatası yüzünden vezirini cezalandırsa da sonunda bilgelik yönü ağır basmıştır.

Kendi hayatımızda da yaşadığımız birçok olayda bizim verdiğimiz yorumlar ve tepkiler aslında olayın boyutunu değiştirebilmektedir. Padişahın kesik parmağı hikayesinde olduğu gibi olmasa da basit gördüğümüz birçok olay bakış açımıza bağlı olarak bize farklı sonuçlar olarak gözükebilecektir.

Yaşadığımız olaylar bizim onlara verdiğimiz yorumlara göre şekillenmektedir. Babanızın sizin yaz tatilinizde sizin eğitimiz için sizi yüzme kursuna yazdırması sizin için kötü bir yaz tatili gibi gözükebilir ama uzun vadede sizin fiziksel gelişiminiz için kalıcı yararları olacaktır. Yan gelip yatarak ya da deniz kenarında geçireceğiniz bir tatil mi yoksa iki aylık ve sürekli çalışma gerektiren bir kurs mu gerçekte sizin için hayırlı olacaktır?

Hiç sevmediğiniz halde gitmek zorunda kaldığını bir düğünde zorla tanıştırıldığınız birine aşık olmanız durumunda o ana kadar sizin için bir ıstırap olan düğün o tanışmadan sonra ölümsüz bir an olarak hatıralarınızda yer alacaktır.

Gerçekte yaşadığımız olaylar mı bizi anlamlı kılıyor yoksa bizim onlara verdiğimiz anlamlar mı o olayları anlamlı kılıyor?

Olur ki hoşunuza gitmeyen bir şey,
sizin için hayırlıdır ve olur ki,
sevdiğiniz şey de sizin için bir şerdir.
Allah bilir de siz bilmezsiniz!

(2/216)

TEK BİR ŞEY FARKLI OLSA İDİ

Yaşantımızda meydana gelen her olay bizim için gerçekten ciddi bir öneme mi sahip? Otobüs durağında beklerken bir anlık dalgınlığımız sonucu otobüsü kaçırmamız ve bir sonraki otobüse yetişmemiz hayatımızda ne gibi bir değişikliğe yol açacaktır?

Basit görünen her olay bizim hayatımızda bir mucizeye yol açıyor mu yoksa sıradan bir olay olarak yerini mi alıyor? Kim bilir? Bazen olumsuz gördüğümüz birçok olayı daha sonradan hayatımızda ne gibi olumlu etkiye dönüştüğünü görünce şaşırırız.

Yaşadığımız her olayın mutlaka evrende kelebek etkisi gibi bir yankılanma yaptığı gerçek. Basit gözüken her olay bir başka olaya dönüşmektedir. Aslında bizim beklentimiz yaşanan olayların hayatımızda ciddi değişliklere yol açması. Gerçekte ise basit gözüken her olay bir başka olayla etkileşime girerek sürekli olarak zincirleme reaksiyon göstermektedir. Biz bunu ne kadar fark edebiliriz?

Bu konuda ***Benjamin Button'un Tuhaf Hikayesi*** adlı filmde ilginç bir konuşma geçer. Bu konuşmanın sizde farkındalık oluşturması için sözlerine bir bakalım. Filmi izleyenler bu bölümü hatırlayacaklardır. İzlemeyenler için tavsiye bir filmdir.

"Hayatta yaşamak zorunda olduğumuz şeyler vardır ve bunları önceden bilemeyiz. Rastlantı da olsa bizim seçimimiz de olsa yapabileceğimiz bir şey yoktur.

Bir gün, Paris'te bir kadın alışverişe gidiyordu ama mantosunu unutmuştu ve onu almak için geri döndü. Mantosunu alırken aniden telefon çaldı. Cevaplamak için durdu ve birkaç dakika kadar konuştu. Kadın, telefonda konuşurken Daisy'de opera binasında prova yapıyordu. O prova yaparken, kadında telefon görüşmesini bitirmiş taksi bulmak için sokağa çıkmıştı. Taksi şöförü önceki müşterisini bırakmış ve kahve için mola vermişti. Onlar olurken, Daisy'de proa yapıyordu. Kahve molası veren şoför, önceki taksiyi kaçıran ve alışverişe çıkan kadını taksiye almıştı. Taksi, alarmı kurmayı unuttuğu için işe beş dakika geç kalan bir adamın acele etmesi nedeniyle durmak zorunda kaldı. O adam, işe geç kalırken ve karşıdan karşıya geçerken Daisy'de provasını bitirmiş, duşunu alıyordu. Daisy duşunu alırken, taksici Parisli kadının dükkandan çıkmasını bekliyordu. Kadın gelemiyordu ve paketi hazır değildi. Paketi yapacak olan kız dün akşam sevgilisinden ayrıldığı için üzgündü ve işe geç gelmişti.

Paket hazır olduğunda kadın yani taksi bir kamyon yüzünden yolda kalmıştı. Daisy'de duşunu almış hazırlanırken takside yoluna devam edebilmişti. Daisy inerken, arkadaşının ayakkabılarını bağlamasını beklerken ayakkabısının bağları koptu. Taksi, trafik ışığında durmuş beklerken Daisy'de arkadaşı da opera binasının arka kapısından çıkmışlardı.

Sadece tek bir şey farklı olsaydı.

Mesela, o ayakkabı bağcığı kopmasaydı, kamyon daha önce yoldan çekilseydi, tezgahtar vaktinde çıksaydı, taksi şoförü kahve molası için durmasaydı, Parisli kadın mantosunu unutmayıp taksiye daha önce binseydi, Daisy ve arkadaşı karşıdan karşıya geçebilecek ve o taksi Daisy'ye çarpmayacaktı.

Ama hayat böyledir işte,

Kesişen hayat ve yollar zinciri...

Kimsenin kontrol edemediği...

O taksici, sigarasını dikkatli içseydi ve şoförün biran dikkati dağılmasa idi bu kaza olmayacaktı. O taksi Daisy'e çarptı ve bacağı kırıldı.

Filmi izlemeyenler filmin bu kısmını yine internetten araştırıp Türkçe dublaj olarak izleyebilirler. Bu şekilde bizim yazılı olarak anlatmaya çalıştığımız olay daha görsel ve etkili olarak akılda kalacaktır.

Bu filmdeki alıntıda anlatılmak istenen olayın biraz daha kader yönüdür. Filmin devamında Daisy'n sakat kalması sonucu balerinliği bırakmak zorunda kalması ve filmin baş kahramanı olan Benjamin Button'un sevgilisi olarak devam etmesine neden olacaktır. Sakat kalmasa idi bir beraberlik söz konusu olmayacaktı.

Filmde olumsuz olan bir olay başka bir kişinin hayatında olumlu bir sonuca neden olacaktır.

Hayatımıza baktığımız zaman bütün olaylar bu filmde konu edinen kaza olayı gibi çarpıcı değildir. İşte burada bizim bilmediğimiz farklı gelişmeler olmaktadır. Bunların çoğunluğunu hayatımız boyunca öğrenemeyeceğiz.

Bazen geç kaldığımız bir randevu sonucu kaçırdığımız bir müşteri istediğini başka bir yerden alabilecektir. Bizim için basit bir gelir kaybı gibi gözükse de bizim bilmediğimiz kişilere ciddi katkısı olabilecektir.

Sadece bir sorunun yanlış olması sebebiyle istediği bölüm yerine bir alt sıradaki bölümü kazanan ve farklı bir meslek edinen yüzbinlerce kişi söz konusudur.

Basit bir hata hayatımızda ciddi değişikliklere yol açabilmektedir.

Trafikteki basit bir hata nicelerinin hayatına son verirken bir kişinin samimi bir gülümsemesi ömür boyu süren arkadaşlıklara yol açabilmektedir.

Farklı bakış açılarıyla yorumladığımız zaman ortaya farklı sonuçlar çıkabilecektir.

Yaşadığımız her olayın her zaman bizim için ciddi sonuçlara yol açması beklenmemeli. Bir başkasının hayatında mutlaka bir etkisi söz konusu olacaktır.

Hiçbir hareket evrende yansımasız kalmayacaktır.

Kendilerine bir iyilik dokununca, "Bu Allah'tan" derler; başlarına bir kötülük gelince de "Bu senin yüzünden" derler. "Küllün min indillah [Hepsi Allah'tandır] de, bunlara ne oluyor ki bir türlü laf anlamıyorlar.

[Nisa 78]

HAYIR ve ŞER!

Kelime kökeni itibariyle Arapçadan dilimize geçmiş olan bu kelimenin aslı "hayr" şeklindedir. Herkesin beğendiği rağbet ettiği şeyler (meşru, faydalı, yararlı, şerefli, iyilik, ibadet vb.).

Hayır iki türlüdür. Birincisi herkes tarafından onaylanan ve kabul gören durumlardır. Adalet, yardımlaşma, cömertlik ve doğruluk gibi.

"Kim zerre kadar hayır yaparsa karşılığını görecektir.

Kim zerre kadar şer işlerse karşılığını görecektir. *(Zilzal/7,8)"*

"Ne hayır yaparlarsa ondan mahrum bırakılacak değillerdir.*(Ali imran 3)*

"Herkesin yüzünü döndüğü bir yön vardır. Öyleyse siz de hayırlı işlere koşun. Birbirinizle yarışın.*(Bakara-48)"*

Yukarıda ayetlerde verilen örnekler herkesin kabul gördüğü ve tavsiye edilen hayrı kastetmektedir. Genellikle iyilik, yardımlaşma, sabır gibi anlamlarda kullanılmaktadır.

Diğer türlü hayır kelimesi ise kişiden kişiye değişen ve göreceli olan türdendir.

Bir kişinin yaptığı bir eylem bir başkası tarafından kabul görmeyebilir.

***"Birinize ölüm geldiği zaman, eğer hayır (mal) bırakacaksa; anaya, babaya ve yakınlara uygun bir biçimde vasiyet etmek, Allah'tan korkanlar üzerine bir borçtur"** (Bakara, 2/180)."*

***"Verdiğiniz her hayır kendi faydanızadır. Yalnız Allah rızasını kazanmak için infak ederseniz... İnfak ettiğiniz her hayır size eksiksiz verilir. Zerre kadar haksızlığa da uğratılmazsınız"** (Bakara, 2/272)."*

***"Sizin için hayır olan bir şeyden hoşlanmayabilir; sizin için şerr olan bir şeyi sevebilirsiniz. Allâh bilir, ne var ki siz bilmezsiniz!**(Bakara 216)*

Bu kısımda da kişilere göre göreceli olan ve çoğunlukla niyetlere göre değişen bir hayır ifadesi vardır.

Günlük kullanımda ise hayırlısı demek bir alışkanlık haline gelmiştir.

Hayırdır inşallah, hadi hayırlısı, hayırlı olur inşallah, hayır diyelim hayır olsun gibi ifadeler günlük hayatımızın bir parçası haline gelmiştir. Her ne kadar bu tip sözler biraz dil alışkanlığından öte gidememiştir. Çünkü gerçekte bizim kastımız bizim yararımıza bir sonuç beklemektir. Bir iş görüşmesinde hayırlısı olur dediğimiz zaman işe alınmayı bekleriz, bir sınava girdiğimizde kazanmak için hayırlısı olur deriz, bir hastalıkta bizim için hayırlısı olsun deriz ama iyileşmeyi bekleriz. Bir boşanma olayında hayırlısı olsun deriz her iki tarafa ama boşanmamaları için bu cümleyi kullanırız.

Şer ise, sözlükte "kötülük, fenalık ve kötü iş" anlamına gelir. Dinî literatürde Allah'ın hoşnut olmadığı, sevmediği, meşru olmayan, işlenmesi durumunda kişinin ceza ve kınamaya müstehak olacağı davranışlar demektir. Kurân, şer kapsamına giren davranışlar için fesad, münker, seyyie, habis ve haram kavramlarını da kullanır. Ehli sünnete göre âlemlerin yaratıcısı olan Allah, hayrı yarattığı gibi şerri de yaratır. Çünkü âlemde herşey onun irâde, takdir ve kudreti altındadır. Âlemde ondan başka gerçek mülk, kudret ve tasarruf sahibi başka varlık yoktur. Şerrin Allah'tan olması fiilin meydana gelmesine ilişkin iradesini ifade eder, yoksa Allah kulların kötü fiilleri yapmalarından hoşnut olmaz.

Başımıza gelen her olayın bize kazanımlı olmasını temenni ederiz. Ettiğimiz her duada sağlık, zenginlik ve başarı temenni ederiz. Bizim için hayırlısı genellikle bunlardır.

Başımıza gelen bir olumsuz olayın geniş zamanda bize hayırlı sonuçlar getireceğini düşünürüz. Bu dünyada olmasa bile diğer tarafta bize bir ödül olarak döneceğini ümit ederiz.

Hayır kelimesinin günlük kullanımlarının çoğu yine bizim için kazanımlı istekler ve olaylar için kullanılmaktadır. Ne var ki bunların çoğunda bizim için hayırlı olan bir gelişme bir başkası için hayırlı olmamaktadır.

Sınavı kazanan oğlunuz için olumlu bir gelişme olurken başka bir kişinin çocuğu aynı sınavda biraz daha düşük puanla elenmek zorunda kalmıştır. Evlenmek istediğiniz bir kişinin bir başkasıyla evlendiğini duymanız sizin için olumsuz o kişi için olumlu bir gelişme olacaktır.

Sizin firmanın aldığı bir ihaleyi başka bir firma kaybetmiştir.

Sizin oy verdiğiniz parti seçimi kazanırken bir başkasının oy verdiği parti seçimi kaybetmiştir.

Sizin takım yenerken rakip takım maçı kaybetmiştir.

Bir de daha çok kişiyi ilgilendiren olaylar vardır ki onlarda da uzun zamanda daha az kişinin zarar görmesi sağlanır.

Trafik lambası olmayan bir kavşakta hatalı geçiş yüzünden yaşanan ağır bir kazada kazayı yapanlar için maddi sonuçlar getirirken o kaza yüzünden belediyenin o kavşağa lamba koyma kararına yol açar. Sonuç olarak daha sonrası o kavşakta ciddi kazalar oluşması önlenir. İlk kazayı yapanlar için şer bir vaka iken daha sonraki süreçte binlerce kişi için hayırlı bir olaya dönüşmüştür.

Trafik kazalarında ehliyet kullanılmadığı için yaşanan birçok ölüm ehliyetin zorunlu hale getirilmesi sebebiyle ciddi oranda azalmıştır. Bu süreçte başlangıçta yaşanan kayıplar daha sonradan oluşacak kayıplara karşı bir hayır vakası olmuştur.

Hayır kelimesinin daha derinden kullanımını özellikle tasavvuf alanında şer kelimesi ile benzer bir ifade içermektedir. Bizim için hayır olanla bizim için şer olan Allah katında aynı anlamdadır. Bize göre bireysel bir ifade olarak gözükse de evrensel boyutta birbirine yakın bir anlam içermektedir. Hatta aynı anlama gelmektedir. Çünkü Allah katında yaşanan bir olayın hükmü ne olumludur ne olumsuzdur.

Bu konuda birçok kişinin beğenerek dinlediği Cemalnur Sargut'un kendisiyle yapılan bir röportajda *"Hayır ve şer" ne demektir? İnsanoğlu için en hayırlı duygunun ne olduğunu düşünüyorsunuz?* (indigo dergisi)

Şöyle bir cevabı vardır:

Ben en hayırlı duygunun iman olduğuna inanıyorum çünkü iman bir insanın elindeyse, hani "Yüzüklerin Efendisi" filmindeki yüzük gibi, yüzük orada imanı temsil ediyordu çünkü yüzük elden gitti mi herkes nefsine döner. Mesela Mevlana'ya soruyorlar "Namazdan daha kıymetli bir ibadet var mı?" diye, "İman! İman olmayınca Namaz da manasını kaybeder" diyor. Dolayısıyla Allah imandan bizi uzaklaştırmasın. "hayır ve şer" bu dünyaya göre olan iki kavramdır, Allah indinde "hayır ve şer" yoktur, her şey "hayırdır". Mesela bu şuna benzer, Mevlana anlatıyor Fihi-Ma-Fih'te;

Bir Padişah bir yanlış gördüğü zaman Devletin bütünlüğü için o yanlışı yapan kişiye ceza verir. Padişah için bu çok "hayırlı" bir şeydir çünkü Devletin bütünlüğünü sağlar ama o ceza gören insan için bu çok "şerli" bir hadisedir.

O halde "hayır ve şer" nereden baktığınla alakalı, her şeyin hakkımızda "hayırlı" olduğunu düşünen için "her şer bir hayırdır"

Hayır ve şer konusunda bir başka yoruma göz atalım.

Ahmet Hulusi'ye göre aşağıdaki ayetin anlamı:

HOŞUNUZA GİTMEYEN NİCE ŞEYLER VARDIR Kİ, SİZİN İÇİN HAYIRLIDIR VE SİZE HOŞ GELEN NİCE ŞEYLER VARDIR Kİ, SİZİN İÇİN ŞERDİR. ALLAH BİLİR, SİZİ BİLMEZSİNİZ.(2-216)

Âyetiyle de işte bu gerçeğe işaret ediliyor.

Şimdi, fenâlık denen şey kişilerin terkibine, tabiatına uygun olmayan şeydir! Ve, "bu sendendir" derler. Hz. Muhammed'i kastediyor. Hz. Muhammed aleyhisselâmda ilâhi hakikat zâhire çıkmakta olduğu için.

Şimdi burada, önce "fenâlık" kelimesiyle kastedilen mânâ nedir? bunu anlayalım.

De ki: o sizin gördüğünüz, fenâlık dediğiniz şey, Allah'tandır" Muhammed'den değildir!. "Allah'tandır!" diyerek gerçeği göstermek istiyor!

Yani, terkibin itibariyle baktığın zaman, hayır ve şer söz konusudur!. Terkibine ters düşen şeye "şer" adını verirsin. Tabiatına ters düşen şeye, "şer" adını verirsin. Tabiatına uygun düşen şeye de "hayır" adını verirsin.

Fakat hakîki mânâda hayrın ve şer'in ne olduğu, Allah'ca malûmdur!.

Dolayısıyla, her halûkârda da, hayrın ve şerrin Allah'tan geldiğini kabullenmek gerekir.

Esasen nefsin hakîkatı, Hakk'ın esmâlarının terkibidir! Öyleyse nefsindedir, derken, o terkib dolayısıyla, ortaya çıkıyor o şer!.

Peki o terkib, ilâhî isimlerden meydana geldiğine göre, şerrin, yani şer dediğimiz bu olayın kaynağı Allah değil mi?..

Allah değil, Rab!.

Çünkü Allah'ta karşıtlılık yok ki!. Terkibde kayıtlılık sınırlılık var!

Her ne kadar terkibin mâhiyeti, Allah'a dayanırsa da terkib oluşu yönünden, "nefs" kelimesiyle kastedilir!

Rubûbiyet mertebesindeki, senin varoluş tarzın-şeklin-biçimindir. Bundan dolayı da şer nefse bağlanır, Allah'a bağlanmaz! Ve zaten onun şer oluşu, nefsine göredir!. Allah'a göre değil! Yani terkibine ters düştüğü için, ona sen "şer" hükmünü veriyorsun!

Şuurun terkib kaydından kurtulmuş olsa, o takdirde o iş sana "şer" olarak gelmeyecek; sadece, Allah'tan! deyip geçeceksin! Ne hayır, ne şer hükmü kalacak!

Hayrın ve şerrin ne olduğunu; şerrin neye nisbetle "şer" olduğunu tam açıklıkla anlatmış olduk!

Tekrar ediyorum, "şer" terkibe nisbetle, "terkibe ters düşen" olayın adına verilir! Veyahut ta senin "terkib kayıtları içinde kalmana yol açacak" fiile verilir!

İlahî mânâda, seni ikaz mânâsında, kullanılan, "şer" kelimesi; senin terkîbini muhafaza etme mânâsında gelen olaydır.

Buna mukabil, senin şer, kabul ettiğin terkîbine ters düşen olaydır!

İlahi mânâda, sana "şer" diye bahsedilen olay, sana "hayır" diye gelir. Çünkü terkibine uygunluk, terkibini muhafaza yolunda oluş getirmektedir. Buna mukabil, ilâhî mânâda ise bu şerdir! Çünkü seni terkibine hapseder!

Dolayısıyla, sana -hayır- gibi gözükse de o şey "şer"dir!

Ama netice itibariyle, hepsi de ilâhî isimlerin etkisiyle oluştuğu için;

"DE Kİ: HEPSİ DE ALLAHTANDIR!."

"Hayr" ya da "şer" diye nitelendirdiğin olaylar, ALLAH'ın türlü isimlerinin mânâsı olarak senin karşına gelmektedir!

Yani, senin karşılaştığın "hayır ve şer" diye tanımladığın bütün olaylar, "ALLAH" isimleri ile işaret edilen mânâların, fiiller âleminde-ef'âl aleminde ortaya çıkmasıdır.

BEDENSEL ÇIKARLARINA UYGUN OLAN "ŞER", TERS OLAN "HAYIR"DIR!

Hayır ve şerrin gerçeği şudur:

Seni, yani şuurunu, isimler bileşiminin yapısından ve kayıtlarından kurtarmaya çalışan şey, hayırdır...

Seni terkipsel yapına, bedensel yapına çeken, kendini beden gibi, birim gibi kabullenmene yol açan şey de şerdir!

Gerçek böyledir!

Buna karşın bedensel çıkarlarına göre ise; senin bedenine, tabiatına uygun gelen şey, hayırdır... Seni bedeninden uzaklaştıran, bedenin istek ve arzularına cevap vermeyen şey de sana şerdir!

Hemen burada, şunu anlamalıyız!

Senin bedenine uygun gelen; bedenin istek ve arzularına cevap veren, seni bedenselliğe çeken istek ve arzular, demek ki gerçekte "şer"dir...

Eğer bunları anlayıp, idrak edersen, artık kendini buna göre düzenlemek zorundasın!

Hayır ve şer konusunda son olarak ***diyanetin*** kendi internet sitesinde yer verdiği cevabı da paylaşmak istiyorum.

"Hayır ve şer Allah'tandır", demek bunları yaratan Allah'tır, demektir. Çünkü Yaratıcı O'dur ve O'ndan başka yaratıcı yoktur. Kula bakan yönüyle ise hayrı ve şerri irade eden, tercih eden kuldur. Bundan dolayı da insanlar hayır ve şer, iyi ve kötü bütün davranışlarından sorumludur.

Başka bir ifadeyle, "amentü"de ifade edildiği üzere her Müslüman kadere, hayır ve şerrin Allah'tan olduğuna inanır. Yani alemlerin yaratıcısı olan Allah Teala hayrı da şerri de irade eder ve yaratır. Çünkü alemde her şey onun irade, takdir ve kudreti altındadır. Alemde ondan başka gerçek mülk ve kudret sahibi, tasarruf yetkisi olan bir başka varlık yoktur. İnsan, hayrı da şerri de kendi iradesi ile kazanır. Allah'ın hayra rızası vardır, şerre ise yoktur. Hayrı seçen mükafat, şerri seçen ceza görecektir. Şerrin Allah'tan olması, kulun fiilinin meydana gelmesi için Allah'ın tekvini iradesinin ve yaratmasının devreye girmesi demektir. Yoksa Allah kulların kötü filleri yapmalarından hoşnut olmaz, şerri emretmez, şerre teşrii (dini) iradesi yoktur.

Diğer taraftan İslam alimlerine göre, Allah'ın şerri irade edip yaratması kötü ve çirkin değildir. Fakat kulun şer işlemesi, şerri kazanması, şerri tercih etmesi ve şerle nitelenmesi kötüdür ve çirkindir. Mesela usta bir ressam, sanatının bütün inceliklerine riayet ederek, çirkin bir adam resmi yapsa, o zatı takdir etmek ve sanatına duyulan hayranlığı belirtmek için "ne güzel resim yapmış" denilir. Bu durumda resmi yapılan adamın çirkin olması, resmin de çirkin olmasını gerektirmemektedir. Yüce Allah mutlak anlamda hikmetli ve düzenli iş yapan yegane varlıktır. Onun şerri yaratmasında birtakım gizli ve açık hikmetler vardır. Canlı ölüden, iyi kötüden, hayır şerden ayırt edilebilsin diye, Allah eşyayı zıtlarıyla birlikte yaratmıştır. Ayrıca insana şer ve kötü şeylerden korunma yollarını göstermiş, şerden sakınma güç ve kudretini vermiştir. Dünyada şer olmasa hayrın manası anlaşılamaz, bu dünyanın bir imtihan dünyası olmasındaki hikmet gerçekleşemezdi. Şer Allah'ın adalet ve hikmeti gereği veya kendisinden sonra gelecek bir hayra vasıta ve aracı olmak ya da daha kötü ve zor bir şerri defetmek için yaratılmıştır.

Öte yandan Allah'ın kudreti ile meydana gelen her işte ya kendimiz, ya başkaları, ya da toplum için birtakım faydalar bulunabilir. Bir şeyin şer olması bize göredir. Bir ayette bu husus şöyle açıklanmaktadır:

"Umulur ki, hoşlanmadığınız bir şey sizin için hayırdır. Ve yine umulur ki, sevdiğiniz bir şey de sizin için şerdir. Siz bilmezsiniz, Allah bilir." (Bakara, 2/216)

Herkesin (her toplumun) yüzünü çevirdiği bir yön vardır. Öyleyse hayırlarda yarışınız. Her nerede olursanız, Allah sizleri bir araya getirecektir. Şüphesiz Allah, her şeye güç yetirendir.

(Bakara / 148)

BUNDA DA VARDIR BİR HAYIR FELSEFESİ

Bir dostumu ziyaretim sırasında orada yaşlıca bir adam oturuyordu. Güngörmüş ve epeyce çilede çekmiş birine benziyordu. Konu konuyu açınca başına geçen hayat hikayesinden bahsetti.

Çocukluğu fakirlik içinde köyde tarla işleriyle geçmiş. Daha sonrasında iş bulmak için geldiği şehir merkezinde farklı işlerde çalışmış. Uzun bir süre inşaatlarda çalıştıktan sonra bir arkadaşı kendisine babasından kalan toprağı almasını tavsiye etmiş. Çok fazla olmasa da birikimi beş on yıla değerlenir demesi üzerine o dönemki birikintisini tarlaya yatırmış. Çok fazla bir arsa olmasa da ileride elektrik, su imkanı olunca belki ev yaparım diye düşünmüş.

Aradan on yıl geçmiş ama bu arada çocuklarının okul masrafları için tarlayı satmayı düşünmüş ama kimse almamış. Zamanında verdiği paranın neredeyse iki katını istemiş ama alan olmamış.

Bu duruma eşi çok sinirlenmiş. Birikimimizi tarlaya yatırdın ama bize bir hayrı yok. Arkadaşın o parala araç aldı ama bizim bir bineğimiz yok şeklinde yakınıp duruyormuş.

Eşinin yakınmalarına sürekli olarak "***Bunda da bir hayır vardır***" diyerek teselli etmeye çalışıyormuş ama eşi kulak asmayıp yaptığı aptallık için kendini suçluyormuş.

Adamcağız hayatında yaşadığı olaylara karşı sürekli olarak ***"bunda da vardır bir hayır"*** diyerek kendini teselli etmeye çalışmış. Çocukları ile ilgili sıkıntılarda olsun, eşiyle ilgili sıkıntılarda olsun ne yaşarsa yaşasın hep aynı cümleyi söylüyormuş.

Çocukları, eşi ve yakınları bunun bu tavrı üzerine 'kendi aptallıklarını hayra yükleme' şeklinde alay ediyorlarmış.

Daha sonra zorda kalan bir arkadaşına kefil olmuş ama arkadaşı o parayı ödeyemediği için ciddi bir borç ödemek zorunda kalmış. Buna rağmen bunda da bir hayır vardır diyerek kendini teselli etmeye devam etmiş.

İlk kızı evlilik çağına gelince istemeye gelenlerden birini hem kızı hem annesi de olur demesine rağmen adamcağızın gözü tutmamış. Kızı ille de o adamla evleneceğim diye tutturunca bakmış ki kızın kaçma ihtimalini de düşünerek tamam demiş. Hemen evlenmelerine razı olmamış ama önce nişan olsun aradan biraz süre geçsin istemiş. En azından kızı adamı tanır da vazgeçer ümidiyle.

Damadı biraz araştırınca pek de iyi işlerle uğraşmadığı ve alkolik olduğunu öğrenmiş. Bunu kızına söyleyince kızı zaten istemediği için bunları uyduruyorsun demiş. Ne yapsa da bir türlü vaz geçirememiş. Bir şey dediği zaman hemen kendisini suçluyorlarmış. Bu kadar aklın vardı madem neden yanlış yatırım yaptın ve gereksiz borçlanarak bizleri zor durumda bıraktın diye.

Kızının tüm ısrarına karşı bunda da vardır bir hayır şeklinde demekten başka çare bulamamış ve düğün gerçekleşmiş.

Aradan birkaç ay geçtikten sonra damadı eski işlediği suçlardan dolayı hapse atılmış. Bu olay üzerine kızı babasına "Bilemedim ve yanlış karar verdim." diyerek eşinden boşanmak istediğini söylemiş. Bunun üzerine hele sabret bakalım bunda da bir hayır vardır diyerek kocasını beklemesini söylemiş. Bir yıl sonra kocası hapisten çıkınca eşinin hala onu beklediğini görür ve o güne kadar yaptığı hatalar için eşinden özür diler. Evlilik sürecinde birçok şeyi sakladığını ve kendisiyle evlenmek için yalan söylediğini ama bunun cezasını çekerek pişman olduğunu ve onun gibi vefalı bir kadını bundan sonra üzmek istemediğini söyler.

Daha sonra eşi normal işlerde geçimini sağlayarak hayatına devam eder.

İlk başta kızı eşinin durumu üzerine boşanmak istemesine rağmen yine babası bu duruma sabretmesi gerektiğini söyleyerek onu öncekinin aksine desteklemiştir.

Adam hikayesine devam eder ve sonunda çocukların büyüdüğünü ve iki oğlunun işlerinin çok zora girdiğini ve inanılmaz bir para sıkıntısı içerisinde olduklarını anlatır. Tam bu sırada üzerinden yirmi beş yıl geçen ve varlığını unuttukları tarlaya bir müteahhit site yapmak istediğini söyler. Bir şekilde kendisine ulaşırlar. Arsası karşılığı sekiz daire vereceklerdir ve bu neredeyse her çocuğu için iki daire demettir.

Yirmi beş yıl öncesi neredeyse bir yıllık ev kirası olan arsa şimdi sekiz daire ediyordu. Bu teklifi kabul eder ve zor durumda olan oğulları ve diğer iki çocuğu da bir süre sonra kendi evlerinde oturmaya başlarlar. Bir evde oturup diğer evin kirasını da alırlar. Adamcağız kendisi hanımı öldükten sonra sırayla çocuklarının evinde torunlarıyla vakit geçirdiğini söyler.

Yirmi beş yıl önce arkadaşının ısrarı üzerine para etmeyen bir arsayı birikim olsun diye almasının yıllar sonraki karşılığı belki de en zor anlarında rahat bir hayat sürmesini sağlayacak bir sonuca sürükler.

Adamın ne olursa olsun her işte bir hayır vardır demesi belki de yapacak başka bir şey olmadığından en azından kendini gereksiz yere üzmemesi için bir teselli kaynağı olmuş.

Elinden gelmeyen şeyler için bunda da bir hayır vardır arayışı onun yaşam felsefesi olmuş ve onun gereksiz yere üzüntü çekmesini engellemiş.

Her nefis ölümü tadacaktır.
Sizi bir imtihan olarak hayır ile de
şer ile de deniyoruz.
Ancak bize döndürüleceksiniz.

(Enbiya 35)

BİR NASİHAT BİN AKÇE

Yıllar önce, çok uzaklarda bir adam yaşarmış. Bu adam çalışmak amacı ile çok uzaklara gitmiş ve yıllarca çalışmış. Sonunda memleketine dönme zamanı gelmiş. Bu çalışma sürecinde toplam 3000 akçe biriktirmiş ve evinin yolunu tutmuş.

Evine doğru giderken yolu büyük bir şehirden geçmiş. Yolda yürürken köşe başında birisi

"Bir nasihat bin akçe, bir nasihat bin akçe" diye bağırıyormuş.

Adam düşünmüş: "Nasıl olur, bir nasihatı bin akçeye satarlar, ben yıllarca çalıştım ve sadece 3000 akçe biriktirdim."

Bu işe pek aklı ermemiş ama merak işte. Duramamış ve adama bin akçe vererek o nasihat'i satın almış. Nasihat:

"KADERDE NE VAR İSE O ÇIKAR"

ve yoluna devam etmiş...

İlerde yine köşe başında başka bir adam bağırıyormuş "Bir nasihat bin akçe" diye. Adam yine dayanamamış bin akçe de o adama vermiş ve ikinci nasihatı da satın almış.

İkinci nasihat da:

"GÖNÜL KİMİ SEVERSE GÜZEL ODUR"

Son kalan bin akçesi ile de yoluna devam etmiş. Tam şehrin çıkışında yine köşe başın da bir adam bir nasihati bin akçeye satıyor. Adam bir parasına bakmış, bir de nasihati satan şahsa, dayanamamış ve kalan son akçesiyle de o nasihati satın almış. Son nasihatte:

"HİÇ BİR İŞ ACELEYE GELMEZ"

Parasız yoluna devam etmiş.

Şehrin çıkışında büyük bir topluluk ile karşılaşmış. Topluluk telaş içindeymiş. Yaklaşmış ve oradakilerden birine neler olduğunu sormuş. Oradan birisi açıklamış, demiş ki: Burada şehrin tüm su ihtiyacını karşılayan bir kuyu var, ama kuyunun içinde de canavar var. Canavar suyu tutmuş, göndermiyor. Aşağıya kim indiyse bir türlü çıkamadı. Şimdi herkes korkuyor aşağı inmeye "Adam düşünmüş ve ilk satın aldığı nasihat aklına gelmiş.

"Kaderde ne var ise o çıkar" aşağı inmeye karar vermiş. Aslında bu nasihatleri herkes bilir ama uygulayabilmemiz için belli bir bedel ödememiz gerekiyor. İnince canavar hemen yakalamış ve yerine götürmüş.

Demiş ki:

"Buraya gelenlerin hepsine bir soru sordum ve bilemediler. Eğer sen bilirsen seni serbest bırakırım."

Bir dizine sarışın ve dünya güzeli bir kadın, diğer dizine de kurbağa koymuş ve "Söyle bakalım hangisi güzel?" demiş.

Adam düşünürken aklına ikinci aldığı nasihat gelmiş ve "Gönül kimi severse güzel odur." demiş. Bu cevap canavarın çok hoşuna gitmiş. Zira canavar, kurbağanın gözlerine aşıkmış. Adamı salmış ve suyu bırakmış.

Almışlar adamı krala götürmüşler ve ağırlığınca altın vermişler.

Adamımız yoluna devam etmiş ve nihayet evine varmış. Evinin camından içeri bakmış. Bir de ne görsün; karısı genç biri ile diz dize oturuyor. Hemen kılıcını çekmiş ve tam içeri girerken üçüncü nasihat aklına gelmiş "Hiçbir iş aceleye gelmez." Kılıcını kınına koymuş ve içeri girmiş.

Hoş beşten sonra karısına o genci sormuş. Kadın da: "Bey sen gittiğinde ben hamileydim ve bir oğlumuz oldu. Bu genç senin oğlun" demiş.

Adam yıllarca çalışmasına karşı birikimleri ile aldığı nasihatleri doğru zamanda kullanmasını bilmiş ve mutlu sona ulaşmış."

Hepimizin karşısına farklı zamanlarda nasihat veren birçok kişi çıkar. Kiminin zengin değil diye kiminin eğitimsiz diye söylediklerine ehemmiyet vermeyiz.

Birçok yerde benzeri şeyler yazmasına rağmen kilo verme konusunda tonlarca para saçarak gittiğimiz bir diyetisyenin söylediklerine daha çok ehemmiyet veririz ve söylediklerini harfiyen yerine getirmeye çalışırız. Bedelini ödeyerek aldığımız nasihatlerin hayatımızda uygulama alanı daha fazla olmaktadır. Bu konuda Nasreddin Hoca bir gün vaaz vermek için kürsüye çıkarken oradakilerden bir miktar para almış ve konuşmasını o şekilde bitirmiş. Vaaz bittikten sonra aldığı paraları geri vermiş. Bunun üzerine madem geri verecektin ne diye aldın diye sorunca Hoca'da "Cebimde para olunca hem daha heyecanlı konuşuyorum hem de siz para verdiğiniz için daha dikkatli dinliyorsunuz." demiş.

Günümüzde bilginin her yerde sınırsız bir şekilde dolaşmasına rağmen binlerce dolar vererek katıldığımız eğitimler sonrası aldığımız bilgiler bize daha çok şey katmaktadır. Esasında buradaki püf nokta ödenen bedeldir. Bu bedel hayatımızda ciddi kayıplar sonucu ödenebileceği gibi ciddi miktarda ödenen bir parayla da karşılanabilmektedir.

Her öğrendiğimiz bilgi bize bir şey katmamaktadır. Bu bilginin nereden geldiği ve hangi şartlarda bize ulaştığı çok önemlidir.

Uzun yıllar yaşadığı evlilik sonucunda eşini ve çocuklarını değiştirmeye çalışan ve bu yüzden aile saadeti bozulan bir kişinin yaşadıklarını çevresine aktarması gerçekte bir fayda sağlamaktadır.

Kendisine yaşadığı olayları anlatan bir aile dostunun hikayesi, acizlik olarak da görülebilir, paha biçilmez bir deneyim olarak da görülebilir. Bu onu dinleyen kişinin algı seviyesi ve hayatında bilgiye verdiği değerlere göre şekillenebilmektedir.

Olabilir ki bir şey sizin hoşunuza gitmez de Allah onda birçok hayır takdir etmiş bulunur.

(Nisa, 4/19)

BUĞDAY MI NEFES Mİ?

Rivayetlere göre Yunus Emre, Eskişehir yakınlarında bir köyde çiftçilik yapmaktadır. Köy halkı o dönem yaşanan kıtlık sonucu Yunus'u Hacı Bektaş Dergah'ına gönderir. Dergaha varınca Hacı Bektaş, Yunus'a buğday mı istersin yoksa nefes mi verelim diye sorunca Yunus, köylüyü düşünerek buğday ister.

Köye dönünce yaşadığı olaylara bir anlam veremez. Hacı Bektaş'ın neden nefes verelim dediğini bir türlü yorumlayamaz ve rüyasında Hacı Bektaş'ı görür. Bir süre sonra geri döner dergaha ama Hacı Bektaş, Yunus'un nasibinin Tapduk Emre'de olduğunu söyler.

Yolculuğu Tapduk Emre'nin dergahına sürer ve sonrasında Yunus'u Yunus yapan süreç başlar.

Gerçekte kıtlıkla boğuşan köylünün yardım istemesi için Yunus'u seçmesi onun hayatında ciddi değişiklere yol açacaktır. Sadece bir buğday isteme süreci olarak görülen bu olay dünya çapında bir gönül eri olacak Yunus Emre'yi yaratacaktır.

Yunus Emre'nin çok fazla bilinmeyen hayat hikayesinde Tapduk Emre Dergahında uzun süre bulunmasına rağmen Tapduk Emre'nin kızı Gülmisal Hatun'a gönül veren dervişlerin dedikoduları yüzünden Yunus Emre dergahı terk eder ve uzun süren Anadolu yolcuğu başlar. Gerçekte Yunus Emre şiirlerini ve Anadolu'da bilinmesini sağlayan süreçte dergahta aleyhine yapılan dedikodulardı. O an için şer olan bu olay uzun bir zaman diliminde Yunus Emre'nin halkın içinde pişmesine neden olacaktır.

Elbette bu, Allah'a göre kolaydır.

(Hadid 22)

ÜMİTVAR OLMAK!

İvan, bir Rus köylüsüdür. Köyünde ürünlerini satarak geçinmektedir. Karısı Bianca, oğlu Bünyamin ile durmadan çalışmaktadır. Bünyamin hep olumlu düşünen, canlı, pırıl pırıl bir delikanlıdır. Bir fabrikada çalışmaktadır. Çalışkanlığı ve sevecenliğiyle çok sevilmektedir. Bir gün ustabaşı sudan bir sebepten dolayı Bünyamin'i işten kovar. Bünyamin beklemediği bu haksızlığı görünce çok üzülür. Üzüntüsü yalnız kendisi için değildir. Annesi ve babası zaten onun aylığıyla zar zor geçinmektedir, şimdi ne yapacaklardır?

Bünyamin ilk an üzülür, ama sonra ***"Her işte bir hayır vardır"*** der.

İnançları kuvvetli olan Bünyamin başına ne zaman bir şey gelse bunun kendisi için hayırlı olduğunu düşünmektedir. İşsiz kalan Bünyamin yaşlı babasına yardım eder, ürünlerini satmak için onu pazara götürür, tatlı dili ve sevecenliğiyle babasının satamadığı tüm malları satar ve köyüne döner. Hatta bir sürü sipariş alır. Bunun üzerine babası da çok sevinir ve her salı günü pazara oğlunu göndermeye karar verir.

Bu kez daha fazla ürün gönderir oğluyla. İki saat sonra Bünyamin malları satarak evine döner. Babası çok mutludur artık. Oğlunu öper, okşar ve o gece bir kutlama yaparlar.

Günlerden bir gün köyleri Rus askerleri tarafından basılır ve babası götürülür. Sibirya'ya sürüldüğü haberleri ortalığa bomba gibi düşer. Anne-oğul çok ağlarlar. Bünyamin neden babasının Sibirya'ya sürüldüğünü sorunca Rus askerleri yüzünü tekmelerler. Kanlar içinde kalan yavrusuna mı, giden kocasına mı üzüleceğini bilmeyen Bianca'nın gözyaşları seller gibi akar. Hemen oğlunun üstündeki kanları temizler ve oğluna birkaç lokma bir şey yedirir, yatırır. Bünyamin günlerce gözleri kapalı yatar. Bir ay sonra gözlerini açtığında annesine babasını sorar. Bianca kocasının Sibirya'ya sürüldüğünü söyler. Bünyamin bunu duyunca çok üzülür. Hem yaşlı hem de hasta olan İvan nasıl yaşayacaktır? O soğukta, o koşullarda ne yapacaktır? Gene içinden bir ses Bünyamin'e "Her işte bir hayır vardır" der.

Birkaç hafta sonra Bünyamin ayağa kalkar ve tekrar çalışmaya başlar.

Bir gün pazarda mallarını satarken hiç tanımadığı biri eline bir mektup tutuşturur. Bu mektup babasından gelmektedir. *"Oğlum, ben iyiyim, annene ve kendine iyi bak. Beni hapse attılar. Bu mektubu size oradan yazıyorum."* demektedir. Bünyamin Tanrı'ya şükreder. Babası en azından Sibirya'da değildir.

Birkaç ay sonra Bünyamin'i bir sürpriz beklemektedir. Babası eve gelmiş, onu beklemektedir. Hem de bir çanta dolusu para ve mutlu bir yüzle... Bünyamin babasını gördüğüne çok sevinir ve olayları çok merak etmektedir. Onun için çabucak neler olduğunu sorar. Hapishanede hiç tanımadığı birinin hayatını kurtaran İvan'a bu kişi yardım etmiştir. Suçu olmadığı anlaşılıp da hapisten çıkmıştır.

Hayatımızda büyük resme baktığımızda karşımıza çıkan olaylar o an için bizi derinden etkileyebilir ama uzun vadede bizim için güzel sonuçları da beraberinde getirir.

Hepimiz İvan gibi hayatın her anında ümitvar olamayabiliriz ama en azından yaşadığımız olayları değiştirmeye gücümü yetmiyorsa kabullenerek daha az üzüntü duymayı sağlayabiliriz. Bu şekilde yaşam yolculuğumuzda daha az yükle hareket edebiliriz.

Yeryüzünde hiçbir olay ve başınıza gelen hiçbir musibet yoktur ki, biz onu yaratmadan önce, bir kitapta [levh-i mahfuzda] yazmış olmayalım.

(Hadid 22)

KRALIN KISKANDIĞI AT

Köyün birinde yaşlı bir adam yaşarmış. Çok fakirmiş ama kralın bile kıskandığı bir ata sahipmiş. Kral bu at için ihtiyara neredeyse hazinesinin tamamını teklif etmiş ama adam satmaya yanaşmamış. "Bu at, bir at değil benim için; bir dost, insan dostunu satar mı?" dermiş.

Bir sabah kalkmışlar ki at yok! Köylü ihtiyarın başına toplanmış. "Seni ihtiyar bunak, bu atı sana bırakmayacakları, çalacakları belliydi. Krala satsaydın, ömrünün sonuna kadar beyler gibi yaşardın. Şimdi ne paran var ne atın!" demişler.

İhtiyar, "**Karar vermek için acele etmeyin**," demiş. "Sadece 'at kayıp' deyin, çünkü gerçek sadece bu. Ötesi sizin yorumunuz. Atımın kaybolması bir talihsizlik mi, yoksa şans mı bunu henüz bilemiyoruz."

Köylüler ihtiyara kahkahalarla gülmüşler. Aradan on beş gün geçmeden, bir gece ansızın at dönmüş. Meğerse çalınmamış, dağlara gitmiş kendi kendine. Dönerken de vadideki 12 vahşi atı peşine takıp getirmiş. Bunu gören köylüler toplanıp ihtiyardan özür dilemişler.

"Tamam", demişler, "sen haklı çıktın. Atının kaybolması bir talihsizlik değil adeta bir devlet kuşu oldu senin için. Şimdi bir at sürün var."

"*Karar vermek için yine acele ediyorsunuz,*" demiş ihtiyar. "Sadece atın geri döndüğünü söyleyin. Bilinen gerçek sadece bu. Ondan ötesinin ne getireceğini henüz bilmiyoruz. Bu daha başlangıç. Birinci cümlenin birinci kelimesini okur okumaz kitap hakkında nasıl fikir yürütebilirsiniz?"

Köylüler bu defa açıkça ihtiyarla dalga geçmemişler ama içlerinden, "Bu adam sahiden budala." diye geçirmişler.

Bir hafta geçmeden, ihtiyarın tek oğlu vahşi atları terbiye etmeye çalışırken attan düşmüş ve bacağını kırmış. Evin geçimini temin eden oğul şimdi uzun bir süre yatakta kalacakmış.

Köylüler gene gelmiş ihtiyara. "Bir kez daha haklı çıktın." demişler. "Bu atlar yüzünden tek oğlun uzun süre bacağını kullanamayacak. Sana bakacak başkası da yok. Şimdi eskisinden daha fakir, daha zavallı olacaksın."

İhtiyar, "Siz erken karar verme hastalığına tutulmuşsunuz." diye cevap vermiş. "O kadar acele etmeyin. Oğlum bacağını kırdı. Gerçek bu. Ötesi sizin yorumunuz, sizin verdiğiniz karar. Hayat böyle küçük parçalar halinde gelir ve ondan sonra neler olacağı size asla bildirilmez."

Birkaç hafta sonra düşmanlar kat kat büyük bir orduyla saldırmış. Kral son bir ümitle eli silah tutan herkesi askere çağırmış. Köye gelen görevliler, ihtiyarın kırık bacaklı oğlu hariç büyün gençleri askere almışlar! Köyü matem sarmış. Çünkü savaşın kazanılmasına imkan yokmuş. Giden gençlerin öleceğini ya da esir düşeceğini herkes biliyormuş.

Köylüler gene ihtiyara gelmişler. "Gene haklı olduğun kanıtlandı." demişler. "oğlunun bacağı kırık ama hiç değilse yanında. Oysa bizimkiler belki hiç dönmeyecekler. Oğlunun bacağının kırılması talihsizlik değil, şansmış meğer."

"Siz erken karar vermeye devam edin" demiş ihtiyar. "Oysa gelecekte ne olacağını kimse bilemez. Bilinen tek şey var, benim oğlum yanımda, sizinkiler askerde... Bunların hangisinin talih, hangisinin şanssızlık olduğunu kim bilebilir ki?"

Her işte bir hayır görmek ve olmayan olaylar için yorum yapmamak hayatımızın bir parçası olmalı. O an için yaşanan olaylara verilecek kararlar bize sadece o anın bir yorumundan öte götürmez. Gerçekte var olanın neden olduğunu bilmek için büyük resme bakmamız lazım.

At sahibi ihtiyar gibi sabır ve sebatkar olup olan olaylar için anında üzülmek ya da sevinmek yerine biraz temkinli olabilmek gerekli.

Bir kişi, kaderin, hayrın ve şerrin Allah'tan olduğuna inanmadıkça, mümin sayılmaz.

(Hadisi Şerif)

KUYUYA ATILAN YUSUF PEYGAMBER

Küçük yaşta annesini kaybeden Yusuf, çok güzel yüzlü ve çok zeki bir çocuktu. On bir tane erkek kardeşi vardı. Babalar Yakup Peygamber en çok Yusuf'u sever ve onunla ayrıca ilgilenirdi. Babalarının bu aşırı ilgisi ağabeylerinin kıskanmasına sebep olmuştu.

Yusuf bir gece rüya gördü ve uyanınca bunu babasına anlattı. Rüyasında on bir yıldızın, güneşin ve ayın kendisine secde ettiklerini gördüğünü söyledi. Hz. Yakup bu rüyanın, Yusuf'un gelecekte büyük bir adam olacağına işaret ettiğini anlayıp rüyadan kimseye bahsetmemesi için Yusuf'u tembihledi. Hz. Yakup'un büyük oğulları bu rüyayı öğrendi ve toplanarak Yusuf'u öldürmeye karar verdiler.

Ağabeyleri babalarından izin isteyerek koyunları otlatmak üzere Yusuf'unda kendileriyle birlikte gelmesini söyledi. Ağabeylerini çok seven Yusuf'un da istemesi üzerine Hz. Yakup izin verdi. Kardeşlerini alan büyük oğullar onu kıra götürdü. Orada Yusuf'u derin bir kuyuya atıp, gömleğini kana bulayarak "Ey bizim babamız, hakikaten biz gittik. Yusuf'u da eşyalarımızın yanında bırakmıştık. Onu kurt yemiş." dediler. Kesmiş oldukları hayvanın kanına buladıkları gömleği getirip Yakup'a verdiler. Hz. Yakup onların yalan söylediklerini anladı ve takdire razı olup sabrın kendisi için en güzel yol olduğunu bildirdi. Yusuf'u kaybolması onu çok üzdü ve ağlayarak gözlerini kaybetmesine sebep oldu.

Hz. Yusuf kuyuya atıldıktan bir müddet sonra Medyen'den gelip Mısır'a gitmekte olan bir kervan kuyunun yanında konakladı. Su almak için kovalarını kuyuya attıkları zaman Yusuf kovaya sarıldı. Kova yukarı çekilince Yusuf da kovayla beraber dışarıya çıktı. Kovayı çeken kişi güzel yüzlü bir çocuğun da çıktığını görünce şaşırdı. Kervancılar Yusuf'u Mısır'a götürüp pazara çıkardılar. Birçok kimse onu satın almak isteyince fiyatı yükseldi. O sırada Mısır Azizi, yani Maliye Bakanı Yusuf'u kervancılardan çok yüksek bir fiyata satın aldı. Mısır Azizi'nin hanımı Züleyha isimli bir kadındı ve çocukları olmamıştı. Bu yüzden Aziz, Yusuf'u evlat edinmeyi düşündü. Hz. Yusuf akıllara durgunluk verecek derecede güzeldi. Yüzünde parlayan peygamberlik nuru herkesi hayran bırakırdı. Bu durum Hz. Yusuf büyüdükçe Züleyha'nın ona aşık olmasına sebep oldu. Onu kendisiyle beraber olmaya davet etti. Hz. Yusuf bunu kabul etmeyince, ona iftira atarak kocasına şikayet etti ve Yusuf'u hapse attırdı.

Yusuf uzun yıllar hapiste kaldı. Mısır Firavunu'nun ekmekçisi ve şerbetçisi de onunla birlikteydi. Yusuf zindandayken hastaları ziyaret eder, geceleri namaz kılar, Rabbini zikrederdi. Allah, kendisine rüya tabiri ilmini öğretti. Yusuf, Firavun'un ekmekçisi ve şerbetçisinin görmüş oldukları rüyaları tabir etti. Birinin, kurtulup işine devam edeceğini, diğerini ise öleceğini söyledi. Sonunda dediği çıktı. Hz. Yusuf, kurtulan arkadaşına efendisinin yanında kendisini anmasını söyledi.

Hz. Yusuf zindandayken Mısır hükümdarı bir rüya görmüştü. Rüyasında, yedi semiz ineğin yedi zayıf ineği yediğini ve yedi yeşil başak, yedi de kurumuş başak görmüştü. Bu rüyanın yorumunu yaptırmak istedi. Hz. Yusuf'un rüya yorumu yaptığını öğrendi ve onu yanına çağırarak rüyasını anlattı. Yusuf:

"***Yedi sene bolluk, sonra yedi sene kıtlık olacak. Bollukta saklayın, kıtlıkta bunları yersiniz***". dedi.

Hükümdar Yusuf'un suçsuz olduğunu ve senelerdir zindanda boşuna kalmış olduğu öğrendi ve bunun üzerine Hz. Yusuf'u maliye bakanlığına getirdi. Yusuf bolluk senelerinde çok ekip, ekinleri sapları ile beraber ambarlara koyulmasını, bu şekilde ekinler bozulmadan kalıp hem de saplar ile hayvanların yem ihtiyacının giderileceğini söyledi.

Aynı kıtlık, Hz. Yusuf'un babasının memleketi olan Kenan diyarında da yaşandı.

Yusuf'un kardeşleri de yiyecek almak için Mısır'a geldi. Onları tanıyan Yusuf sonunda kendini kardeşlerine tanıttı ve onları affettiğini söyledi, ailesinin tamamını Mısır'a davet etti. Ailesi Mısır'a vardığında Yusuf, üvey annesi ve babasını tahta oturttu; diğer on bir kardeşi de Hz. Yusuf'un önünde eğildiler. O zaman Yusuf;

"Ey babam! İşte bu evvelce gördüğüm rüyanın yorumdur. Hakikaten Rabbim o rüyayı tahakkuk ettirdi. Beni zindandan çıkarıp mülk ihsan etti. Şeytan benimle kardeşlerimin arasını açtıktan sonra, Allah sizi çölden getirdi. Muhakkak ki, Rabbim dilediği şeyleri hakkıyla bilen her şeyi hikmetinin icap ettirdiği vakit ve şekilde yapandır." dedi.

Bu şekilde İsrailoğulları, Filistin'den Mısır'a gelip yerleşmiş oldu. Bir süre sonra Hz. Yakup vefat etti. Hz. Yusuf, Allah'a söyle münacatta bulundu:

"Rabbim, bana hükümdarlık verdin, rüyaların yorumunu öğrettin. Ey göklerin ve yerin yarata-

nı! Dünya ve ahirette koruyanım sensin! Benim canımı, Müslüman olarak al! Ve beni iyilere kat!"

Pek çok olayları içeren bu hayat hikayesi için Allah şöyle buyurdu: ***"And olsun ki, Yusuf ve kardeşlerinin olayında, soranlara nice ibretler vardır."***

Yusuf Peygamber'in hayat hikayesinde yer alan birçok olay bizler için ibret vericidir. Yusuf Peygamber'in kardeşleri tarafından kuyuya atılması onun uzun süre köle olarak yaşamasına neden olacaktır. Şer gözüken bu olay onun daha sonra büyük bir yönetici olacağı süreci başlatacaktır.

Yusuf Peygamber'i satın alan komutanın eşi Züleyha'nın arzularına yenik düşmesi sonucu Yusuf Peygamber'i elde edememesi onun bir iftiraya kurban gitmesine neden olacaktır. Uzun süre hapiste kalacak olan Yusuf Peygamber'in rüya yorumları hakkında yeteneği onun yıllar sonra hapisten kurtulmasına neden olacaktır.

O yıllarda Mısır ili ve çevresinde yaşanan kuraklık Mısır'da ki putperest inancın savunucusu olan rahiplerinde halk tarafından ciddiye alınmamasına yol açacaktır. Yaşanan bu kuraklık sonucu Kenan ilinden yardım için gelen Yusuf Peygamber'in ailesi yıllar sonra Yusuf ile karşılaşmasına vesile olacaktır.

Her bir olayın başka bir olaya gebe olması ve yaşanan her olayda ibretlik hisselerin olması bizler için bir kaynak teşkil etmektedir.

Bana inanıp da kadere, hayır ve şerrin benim tak-
dirimle olduğuna inanmayan,
benden başka Rab arasın!

(Hadisi Şerif)

KELEBEK ETKİSİ

Bir iş ziyareti sebebiyle bulunduğu şehirde o yörenin yemeklerini yemek için giden bir satış temsilcisi o gün öğle yemeğini yedikten sonra çıkarken garsona samimi bir gülümseme ile

"Yemekler ve servis gayet güzeldi. Üzerine ikram ettiğiniz çay da gayet dinlendiriciydi. Her yerde sizin gibi hizmet veren işyeri bulmak oldukça zor. Bu kaliteyi bozmamanızı rica ediyorum. Bu şehre geldikçe her defasında bu lokantaya uğrayacağım" dedi.

Ardından hesabı ödeyip ayrıldı.

O güne kadar her gün yüzlerce kişinin yemek yediği o lokantada duyulmamış bir sözdü. Bunu duyan garson o gün için kendini önemsedi. Yaptığı işten gurur duydu ve gerçekten verdiği hizmetten dolayı memnun olan kişilerin olduğunu fark etti. O gün bu sevinci ile akşam eşine giderken bir demet çiçek yaptırdı. Müşterisinin kendisine yaptığı bu iltifat ona bir şeyi fark ettirdi. O güne kadar eşine iltifat etmemişti ve iyi bir eş olduğu için bir kez olsun onu takdir etmemişti. Tam tersine sürekli olarak eşini eleştirmişti. O akşam hatasını anlayıp düzeltme adına adlığı çiçeği eşine hediye edecekti.

Bir gün öncesi garsonun eşiyle kavga etmesi sonucu eşi o gün ailesine durumu anlatıp eşinin çok kaba ve ilgisiz olduğunu söyleyerek daha fazla bu evliliğe devam etmek istemediğini ve bu akşam eşiyle ayrılma meselesini konuşmak istediğini söylemişti. Ailesi her ne kadar sabretmesini tavsiye etse de boşanma konusunda çok ciddi idi. Akşam eşi eve elinde bir demet çiçekle gelince şaşırdı. Ne diyeceğini bilemedi. Eşi çiçeği vererek kendisini affetmesini istedi. Yaptıkları için ve takdir etmediği için özür diledi. Bunun üzerine eşi boşanma konusunu konuşmaktan vazgeçti.

Ertesi sabah evden çıkan garson kapıcıyla karşılaşır. Samimi bir şekilde selam verdikten sonra yaptığı işten dolayı kapıcıya teşekkür eder. Her gün düzenli olarak temizlik yapması ve kokuya sebep vermemesini takdir ettiğini söyler. Birçok apartmanda benzer şikayetler duyduğunu ama kendi apartmanında böyle bir şikayet olmadığı için kapıcıya teşekkür eder. O güne kadar hiç kimsenin önemsemediği kapıcı çalıştığı dairede kendisini önemseyen birinin olduğunu duyması üzerine işine biraz daha sıkı sarılır. Bir süre sonra yakın bir apartmandan biraz daha iyi şartlarda teklif gelmesine rağmen çalıştığı apartmanı bırakmama kararı alır. Bunun tek nedeni birkaç hafta önce kendisine edilen teşekkürdü...

Sadece basit bir cümlenin ve içten söylenmiş bir teşekkür ifadesinin ne gibi değişikliklere yol açtığına dair benzer bir örnek.

O ana kadar sıradan yaptığımız hareketleri biraz değiştirdiğimizde farklı olaylara dönüşebilmektedir.

Bu olayın tam tersini de düşünebilirsiniz. Yaptığınız kötü bir söz birilerinin hayatında ciddi değişikliklere yol açabilecektir.

Hababam sınıfında mesleğe yeni başlayan edebiyat öğretmenine yazılan aşk şiirleri neredeyse 4 yıl zorluklarla okuduğu öğretmenlik mesleğinin sonuna getirecektir. Yapılan hata elbette basit bir hata değildi ama her ne kadar film de olsa gerçekte benzerleri defalarca kez yaşanmış olan sonuçlara yol açabilmektedir.

Her işte hayır bulmayı arzu edenler, insanlara hüsnü zanda bulunsunlar.

(İmam Şafi)

İSMAİL'İN DEĞİŞEN HAYATI

İsmail askerlik sonrası ailesinin isteği ile görücü usulü olarak evlendirilir. Kendisi lise mezunudur ama askerlik sırasında liseden sonra üniversite için çaba harcamadığı için pişman olmuştur. En azından kısa dönem olarak askerliği yapma şansını uzun dönem yaparak kaçırmıştır. Hayalinde işletme okumak vardır. Bir firmada iş bulmak ve saygın bir yere sahip olmak istemiştir. Ailesinin isteğine karşı duramaz. Askerden yeni gelmiştir ve kayda değer bir mesleği ve de işi yoktur. Ailesi yaz boyunca köye gittiği için aynı evde durumunuzu düzeltene kadar yaşarsınız demiştir. Yazın sorun olmayacaktır ama kışın evde bir de anne baba olacaktır.

Evlilik durumu başlangıçta İsmail'i cezbetse de evlendikten sonra hiç de öyle olmadığını anlamıştır. Henüz işi yoktur. Hayalleri olsa da evin geçimini sağlaması için çalışması gerekecektir.

Sonuna bir firmada asgari ücretle bir iş bulur. İş hayalinden oldukça uzaktır. Şu an için evinin zorunlu ihtiyaçlarını karşılaması gerekecektir. Bunun için de bir iş bulması onu rahatlatmıştır.

İşe girdikten bir süre sonra eşinin sürekli olarak ayrı eve çıkma isteğiyle karşılaşır. İsmail'de ayrı bir ev ister ama bunun için yeterli geliri yoktur. Biraz çalışıp birikim yapması ve daha iyi gelire sahip bir işe geçmesi gerekecektir. Eşi ise sürekli olarak ayrı bir eve çıkma konusunda İsmail'e söylemlerde bulunmaktadır. İsmail başlangıçta görücü usulu olarak evlenmesine rağmen hem hayallerinden olmuş hem de başlangıçta şartlarına razı olan biriyle evlendiği için de mutlu olmuştu. Zamanla şartlar düzelince her şeyin daha iyi olacağı düşüncesi ile işine gücüne bakıyordu.

Bir süre devam eden istekler aile içinde yayılmış ve İsmail'in ailesinin de işin içine girmesi ile artmıştır. Gelinlerinin bu davranışlarından bıkan aile İsmail'e ayrı bir eve çıkma konusunda baskı yapmış İsmail'de mecburen kiraya çıkmak durumunda kalmıştır. Başlangıçta gelirinde artış olmamasına rağmen eşinin durumumuzu düzeltene kadar altınlarımı kullanırız teklifi doğrultusunda birkaç ay altınları satarak gelirlerine destek olmuşlar.

Aradan 7 ay geçtikten sonra durumlarında bir değişiklik olmaması sonucu İsmail'in eşi kalan altınları da harcamamak için baba evine gitmiş. İsmail'e durumu düzeltince gel diyerek onu yalnız bırakmıştır. İsmail ne yapacağını bilememiştir. Bir yandan ailesi bir yandan eşi tarafından baskı kurulmuş. Kendisinin istemediği bir hayata sürüklenmiş ve bunun bedelini yine kendisi ödemek durumunda kalmıştır.

Bir süre işine devam etmiş ama bu şekilde ilerleme ve gelirinde artış sağlamanın mümkün olmayacağını anlamıştır.

Çalıştığı sadece evin giderlerine yetmekte kendisi ise sigara parasını bile sürekli olarak kredi kartından asgarisini ödeyerek karşılamaktadır.

Bir karar vermek durumundadır. O güne kadar başkalarının isteği üzerine hareket etmiştir. Şimdi ise kendi hayallerinin peşinden gitmek istemektedir. Bu saatten sonra bir üniversite kazanmak kolay olmayacaktır ama en azından açık öğretim okuma şansı vardır. Evini boşaltıp tekrar ailesinin yanına döner. Bu sürede eskisine göre daha rahat çalışabileceği bir iş bulur. Hafta sonlarında ise açık öğretim derslerine çalışarak üniversite eğitimine devam eder. Eşinden boşanır ve uzun sürecek bekar hayatına geri döner. Gerek kurslara giderek gerekse dersleri için takviye kurslara giderek sürekli olarak kendini geliştirir.

Dört yılın sonunda işletme bölümünü bitirir. Bu süre zarfında İngilizce ve bilgisayar kurslarına da gider ve o alanlarda da temel seviyenin üzerinde bilgilidir.

Üniversite mezunu olduktan sonra diploması ile birçok kurumsal firmaya başvurur ve sonunda istediği tarzda kariyer yapabileceği bir işin sahibi olur.

Başlangıçta onun için ailesinin ve eşinin baskı yapması olumsuz gibi gözükse de gerçekte onun yetişmesi ve gerçekten istediği şartlarda bir hayata sahip olabilmesi için birer uyarıcı olmuştur. Yaşadığı baskıları olumlu bir sürece dönüştürmeyi bilmiş ve uzun bir süreçten sonra çok daha iyi standartlara sahip bir hayata sahip olmuştur.

Sana iyilikten her ne gelirse Allah'tandır, kötülükten de sana ne gelirse o da kendindendir. Biz seni insanlara bir elçi olarak gönderdik; şahid olarak Allah yeter.

(Nisa, 79)

ABRAHAM LİNCOLN'ÜN HAYAT HİKAYESİ

Yoksul bir ailenin çocuğu olarak mahrumiyetle dolu bir evde doğup büyüdü. Mide açlığını kuru mısır ekmeğiyle bastırırken, ruhumun açlığını ödünç aldığı kitaplarla giderirdi. Okumaya aşıktı; bir çiftlikte tarlada işçi olarak çalışırken de okudu, bir bakkalda çıraklık yaparken de.."

Abraham Lincoln'un kitaplara karşı müthiş bir tutkusu vardı. Babasının işsizliği yüzünden sık sık ev değiştiriyorlardı. Bu yüzden ödünç aldığı kitaplar oluyordu. Ödünç aldığı kitaplara gözü gibi bakıyordu. Bir defasında arkadaşından aldığı kitap ıslanıp yazıları silinince üzülüp paniklemiştir. Ama bir hafta çalışıp kazandığı parayla yenisini alıp arkadaşına teslim edince rahatlamıştır. Geceleri mum ışığında kitap okuyordu kitapları için 'Benim biricik dostlarım' diyordu. Geçmişteki iyi ve başarılı insanların hayatlarını okumaya bayılıyordu. Sayısız sıkıntı,aile ve ızdırap,sınavından geçen bu adam,işte bu insanların hayatlarından beslenmişti. Hatta, George Washington'un hayatını anlatan kitap onda bambaşka bir coşku uyandırmıştı. Okuduğumuz her kitap ayrı bir dünya, ayrı bir yaşam, apayrı bir güzellikti.

Bu bir zamanların zavallı, eli nasırlı, avuçları çökük adımı nihayet başkan seçilmişti. Ama nasıl?

- Yoksul bir ailede dünyaya geldi.
- Anne babası okuma yazma bilmezdi.
- 10 yaşında annesini kaybetti.
- Tarlada ırgatlık yaptı.
- Bakkalda çıraklık yaptı.
- 21 yaşında işini kaybetti. Bocalama dönemi başladı.
- 24 yaşında tekrar işinden oldu.
- 25 yaşında dört çocuğundan üçü vefat etti.
- 27 yaşında ruhsal bunalıma girdi.
- 34 yaşında kongre seçimlerini kaybetti.
- 36 yaşında kongre seçimlerini yine kaybetti.
- 38 yaşında eyalet seçimini kaybetti.
- 45 yaşında senato seçimlerini kaybetti.
- 47 yaşında başkanlık seçimlerini kaybetti.
- 49 yaşında tekrar senato seçimlerini kaybetti.
- 52 yaşında ABD'ye başkan seçildi.

Eğer sıkıntılar kaçınılmazsa oturup ağlamanın hiçbir faydası yoktur. Evet, acı ve ızdıraplar karşısında Abraham Lincoln'ün de ağladığı anlar olmuştur. Hatta, hayatın çekilemeyecek hale geldiği durumlarda, akşam yağmur altında, ağaçlar ve çalılar arasındaki tozlu patika yollarda gezinmeyi çok severmiş, gözü yaşlı olduğu anlarda içini böyle atarmış ama sonra bıkmaz, inat edermiş, ısrarlı olurmuş. Bir keresinde yoksulluk ve mahrumiyetine rağmen, dürüst ve kültürlü olduğu için çevresindekilerin tavsiyesiyle sırf kölelik ve adaletsizlik kalksın diye kongre üyeliğine adaylığına koyar, fakat kazanamaz. Bu haber karşısında üzülür. Haberi telgraf hanede alır. Dışarı karanlık ve yağmurludur. Usulca "**İyi akşamlar!**" dedikten sonra orayı terk eder.

Kaldırımsız , tozlu topraklı sokaklarda bir başına düşünceli düşünceli yürür. Tam bu sırada ayağı kayar, çamurun içine yuvarlanacakken, son anda kurtulur. Kendi kendine "**Tökezledim, fakat düşmedim!**" der. Evet "**Tökezledim fakat düşmedim**" Bu cümle beyninde şimşek gibi çakar. Onun ayağı kaymıştı ama düşmemişti. "**Mücadeleye devam!**" dedi.

Allah sana bir zarar dokunduracak olsa, O'ndan başka bunu senden kaldıracak yoktur. Ve eğer sana bir hayır isterse, O'nun bol fazlını geri çevirecek de yoktur. Kullarından dilediğine bundan isabet ettirir. O, bağışlayandır, esirgeyendir.

(Yunus, 107)

8 YILIN SONUNDA HAYALİNDEKİ İŞE KAVUŞMAK

Serdar 8 yıldır bir ilaç firmasında reprezantlık yapmaktaydı. Çalışma şartları ve geliri fazlasıyla tatmin ediciydi. İşe başladığının ikinci yılında evlilik yaparak hayatındaki eksikliği kapatmıştı. Belirli bir rutin içerisinde işten eve, evden işe gidip geliyordu. Yaptığı iş gereği arada farklı ilçe ve illere giderek o bölgedeki müşterilerini de ziyaret ediyordu. Şirket arabası kendisinde olduğu için birikimleri ile bir kooperatife girerek ev sahibi olmuştu. Kendisi başka bir evde oturmasına rağmen aldığı ev bitince kiraya vererek oturduğu evin kirasını da bu şekilde karşılayabiliyordu. İş şartları gereği çok fazla elemanın sirküle oluyordu. Kendi saha alanı ve kotaları tutturduğu için iş yönünden herhangi bir sıkıntısı yoktu.

İlk beş yıl geçince yaptığı işten sıkılır hale gelmişti. Sürekli olarak artan kota baskıları ve rakip firmaların da piyasayı kızıştırmaları sonucu sürekli olarak stres dolu günler başlamıştı. İlk yıllardaki gibi rahat değildi ama yine de iş kaygısı yok denecek kadar azdı. Mevcut işini bir zamanlar işsiz kalmayayım diye seçmesine rağmen işin içine girince üniversitede okuduğu bölümdeki hayallerinden uzak bir iş şekli ile karşılaşmıştı. Kendisi Beden Eğitimi mezunu olmasına rağmen o dönem öğretmen olarak atanamamış ve işsiz kalmamak için de ilaç firmasında satış temsilcisi olarak işe başlamıştı. Daha sonraki süreçte de iş standartlarından kopmak istememişti. Hayalinde bir gün bir fitnes merkezi işletmek ve eğitimci olarak üniversitede aldığı eğitimin karşılığını vermek vardı. Yıllar bu hayalinden onu uzaklaştırmıştı.

8.yılın sonunda kendisine işine kaptırdığı o günlerde firmanın genel merkezi aldığı bir kararla küçülmeye gitme kararı vermişti. Bu karar doğrultusunda daha yüksek maaş alan eski çalışanların yerine yeni başlangıç yapan çalışanlar alınacak ve birçok yerde çalışan sayısı azaltılacaktı. Bu karar doğrultusunda her ne kadar Serdar'ın kota sorunu olmamasına rağmen Serdar'ın da iş akdi feshedilmişti.

Serdar'ın hiç beklemediği bir gelişme idi. 8 yılını verdiği ve hayatının bir parçası haline gelen bu işten çıkartılınca kendini boşlukta hissetti. Elinden arabası da alınmıştı. Tazminatı ödenmişti ama hazıra dağ mı dayanırdı.

Bir süre benzer firmalara başvurmuştu ama onlarda yeni çalışanlardan yana politika geliştiriyordu. Daha az ücret ve daha yüksek performans alabilecekleri kişiler için yeni üniversite mezunları daha ideal bir gruptu. Satış sektörünün en acımasız yanlarından biri de bu idi.

Yaklaşık altı ay iş başvuruları ile geçmişti. Bu süre içinde büyük bir depresyona girmişti ve ruh hali giderek kötüye gidiyordu. Bakması gereken bir ailesi vardı ve birikimleri yeterli değildi.

O sıralar şehir merkezinde gezerken eski bir tanıdığına denk gelmesi onun hayatını değiştirecekti. Biraz sohbetten sonra arkadaşı kendisine 'Senin bir hayalin vardı. O da fitnes salonu işletmekti. İşte sana bir fırsat. Bu konuda çalışma yap. Şehrin uygun bir yerinde uygun bir salon işletebilirsin' şeklinde konuşması Serdar'ın beyninde çağrışım yaptı.

İnternette bu konuda francshing veren firmalarla görüşmesi sonrası uygun bir salon bulması halinde malzeme dahil birçok desteğin firma tarafından sağlanacağı bir şekilde anlaşma yaptı.

Birkaç ay içinde şehrin uygun bir yerinde uygun bir salon bularak çalışmaları hızlandırdı.

İşten ayrılışının birinci yılında artık kendi işleteceği güzel bir fitnes salonu olmuştu.

Serdar için başlangıçta şer gözüken işten ayrılma olayı onun daha önceden beri var olan spor salonu hayaline dönüşmesi yolunda ciddi bir süreçti. Bu süreçte her ne kadar sıkıntılı bir dönemde geçirse de sonunda severek yapacağı bir işe kavuşmuştu. Sürekli olarak kota sorunu olmayan ve eğitimi aldığı bir işi yapacaktı.

İşten atılmasa idi standart bir yaşamı olacaktı ama aklında hayalini kurduğu bir gün itibariyle çekilmez hale gelen bir işin içinde ayakları ters gidecek şekilde bir hayata devam edecekti.

Onun hayatındaki bu gelişme O'nu daha iyi bir yaşam sürecine doğru sürüklemişti.

Her nefis ölümü tadıcıdır. Biz sizi, şerle de, hayırla da deneyerek imtihan ediyoruz ve siz bize döndürüleceksiniz.

(Enbiya, 35)

HER ŞEY BAŞLANGIÇTAKİ GİBİ RAHAT OLACAKTI!

Uğur, üniversitede tanıştığı sevgilisi ile üniversiteyi bitirdikten sonra iş bulur bulmaz evlenmişti. Bu birçok kişiye göre çok daha kolay ve rahat bir evlilik olmuştu. Hem üniversiteyi yeni bitirmiş hem de düğün için bir birikim yapmadan tamamen ailesinin desteği ile konforlu bir hayata merhaba demişti. Çoğunluğun uzun yıllar sonra sahip olduğu haklara o çok kısa sürede üstelik herhangi bir sıkıntıya girmeden kavuşmuştu. Yaklaşık üç yıldır tanıdığı hayat arkadaşı ile evlenmiş olması ise ruh ikizini bulma adına onu en şanslı kişiler arasına sokmuştu.

Çalıştığı iş kariyerli olmaması rağmen oturduğu ev babasına aitti ve birçok zaman ailesini desteğini gördüğü için birçok lüks harcamasını rahatlıkla yapabiliyordu. Yılda iki kez tatile gidiyor ve birçok zaman dışarıda yemek yiyerek neredeyse tüm gelirini ev dışı harcamalara ayırıyordu.

Meslek değiştirmek için bazı kurslara gitmesi ve biraz çalışması gerekiyordu. Bunun için kendinde bir gayret görmüyordu. Şu anki halinden memnundu. Düzeni yerindeydi ve hariçten çaba harcamak için bir gaye görmüyordu. Bu arada bir çocuğu olmuştu.

Evlendikten 3 yıl sonra babasının işleri birden kötüye dönmüş ve iflas etmişti. İflas beklenmedik bir gelişme idi ve sahip olduğu tüm mal varlığına el konulmuştu. Babası bu olaylara fazla dayanamamış ve kalp krizi sonucu ölmüştü. Annesi ise babasından kalan emekli maaşı ile küçük bir ev tutarak yaşama sarılmıştı.

Ne var ki Uğur için hiç beklenmedik bir gelişme idi. Oturduğu evde babasına ait olduğu için boşaltmak zorunda kalmıştı. Kiraya çıkmışlardı ama bugüne kadar kira ödememişti ve geliri kira için yetersizdi. Üstelik bir de çocukları vardı. Bir süre kira yaşamında devam ettiler ama önceden olduğu gibi ne tatil ne de dışarıda bir yemek olayına girebiliyorlardı. Bunların hepsi gelirini aşıyordu. O güne kadar kira derdi olmadığı gibi bir kira kadar da ailesinden destek alıyordu.

Yaklaşık bir yıl boyunca bu şekilde devam ettiler ama bu duruma severek evlendiği karısı fazla dayanamayarak çocuğunu da alarak Uğur'u terk etti. Uğur bir anlam verememişti.

Sadece ekonomik durumu bozulduğu için eşinin terk etmesi onun için bir yıkım olmuştu.

Eşi terk ettiği için evin düzeni de bozuldu. Bir süre sonra annesinin yanına taşınmak zorunda kalmıştı. Kendini alkole vererek olan düzenini de bozmuştu. Bunu hak edecek ne yapmıştı? Neden böyle bir şey kendini bulmuştu? Her şey iyiye giderken neden hak etmediği bir durumla karşılaşmıştı? Tüm bu sorular onu gün be gün daha da kötüye sürüklemişti.

Bir yıl öncesi iyi bir aile babası olan Uğur'dan eser kalmamıştı.

Başlangıçta aile desteğiyle rahat bir evlilik yapan Uğur, üniversite yıllarında kendisine yakışıklılığından dolayı aşık olan biriyle evlenmişti. Gerçekte onu ruh eşi olarak düşünüyordu ama işin içine ekonomik durumlar girince hiç de öyle olmadığını anlamıştı. O güne kadar destekli bir şekilde hayata devam ederken destek kesilince yaşam standartlarını devam ettirmek hiç de öyle kolay olmamıştı. Başlangıçtan beri rahat bir hayata alışan eşi sonraki süreçte zorluğa dayanamamıştı ve çözümü Uğur'u terk etmekte bulmuştu.

Uğur'un şimdiki aklı olsaydı eğitimini tamamlamak ve mesleki açıdan ilerlemek için hemen evlenmek yerine bir süre daha çile çekmenin daha doğru olduğunu anlamıştı. Aile desteğiyle kurulan evlilikte eşinin gerçek yüzünü görememişti. Başlangıçta mevcut gelire göre bir yaşam kurulsa idi belki böyle olmayacaktı. Onun için zamanında hayır gözüken bir olay şimdi büyük bir hüsrana dönüşmüştü.

Allah'ın kendilerine lütfundan verdiği nimetlerde cimrilik edenler, bunun, kendileri için hayırlı olduğunu sanmasınlar. Hayır! O kendileri için bir şerdir. Cimrilik ettikleri şey kıyamet gününde boyunlarına dolanacaktır. Göklerin ve yerin mirası Allah'ındır. Allah, yaptıklarınızdan hakkıyla haberdardır.

(Ali İmran, 180)

HZ. MUSA'NIN HIZIR'LA YOLCULUĞU

Musa Peygamber bir gün Allah'a sorar:

-Rabbim, en bilgili kulun kim?

Buyurulur ki:

-Hidayeti gösterir ya da bir felaketten kurtarır diye bir kelimenin bile ardına düşen, bunun için insanların ilmini inceleyip kendi bilgisine katan kişidir.

Hz. Musa tekrar sorar:

-Kullarından benden daha bilgilisi var mı?

-Var, buyurulur. Musa Peygamber, o zatla tanışmak, ilminden istifade etmek ister. İki denizin birleştiği, balığı kaybedeceği kayanın orada, o kişiyi bulacağı söylenir. O zat, Hızır diye bilinen kişidir.

Peygamber Efendimiz bu kıssayı sahabilere anlatırken, Hızır'la ilgili şöyle buyurdu:

-O, kuruyup sararmış bir ot destesinin üzerine oturmuştu. Deste derhal yeşerdi.

İşte, dokunduğu yeri bereketlendiren bu zatı bulmak için Musa yanına yine bir peygamber olan Yuşa'yı alır. Yuşa'nın elinde azıklarının bulunduğu bir sepet vardır. İçinde bir balık.

İki ilim ve hikmet sahibi peygamber, daha fazla ilim uğruna yola koyulurlar. Uzunca bir yolculuktan sonra, iki denizin birleştiği yerde, bir kayanın dibinde dinlenmek için yatıp uyurlar. Bir müddet sonra Hz. Yuşa uyanır, kayaya yaslanıp, oturur. Öylece beklerken, balığın birden canlandığını görür. Balık kendini sepetten dışarı atmış, yerde izler bırakarak ilerlemiş, bir kovuğun içine girmiştir.

Kendilerine bildirilen buluşma yeri burasıdır.

Musa uyanır. Fakat Yuşa'ya balık hadisesi unutturulmuştur. Tekrar yola koyulurlar. Bütün gün ve gece dahil, yürürler. Sabah olur. Musa - İyice yorulduk, karnımız da acıktı. Çıkar da balığı yiyelim, der.

Yuşa o anda hadiseyi hatırlar. Balığın canlanıp kaçtığını, ama şeytanın bunu söylemeyi kendisine unutturduğunu, söyler. Musa:

- O halde aradığımızı bulduk, haydi geri dönelim, der.

Mola verdikleri yere geri dönerler. Kayaya yaklaştıklarında, elbisesine bürünüp uyumakta olan birini farkederler. Yanına yaklaştıklarında adam uyanır. Bu, aradıkları zat, Hızır'dır. Musa selam verir.

Hızır da üzerindeki örtüyü kaldırıp:

- Selam sizin de üzerinize olsun. Bilinmeyen bu yerde, böyle bir selamı kim veriyor, diye sorar. Musa:

- Ben Musa'yım, der.

- Kimin Musa'sı? İsrailoğulları'nın mı?

- Evet, İsrailoğullarının Musa'sı.

Musa:

- Ey hikmet sahibi! Rabbim bana, sende bir ilmin bulunduğunu haber verdi. Bu ilimden istifade için sana tabi olabilir miyim, diye sorar. Hızır:

- Elinde Tevrat'ın olması, devamlı vahiy gelmesi sana yetmiyor mu? Ey Musa! Sende, Allah'ın sana öğrettiği bir ilim var ki, ben onu bilemem. Bende de Allah'ın bana öğrettiği bir ilim var ki, sen de onu bilemezsin. Zaten sen, benim yanımda bulunmaya da sabredemezsin. Yaptığım işlerin sır ve hikmetini anlayamaz, itiraz edersin.

Musa talebinde ısrar eder:

- Bana ne dersen onu yapacağım. İnşallah sabredip, hiçbir işine karışmayacağım, der. Hızır:

- Eğer bana tabi olacaksan, bana hiçbir şey sormak yok, ta ki ben sana ondan söz açıncaya kadar, diye şart koşar. Hz. Musa kabul eder.

Böylece birlikte yola koyulurlar. Bir müddet yürüdükten sonra bir limana gelirler. Limanda bir gemi demirlidir. Kendilerini gemiye almaları için gemicilerle konuşurlar. Gemiciler onlardan şüphelenir, almak istemezler. Fakat reisleri, bunlar yüzleri temiz adamlar, bırakın binsinler der. Gemiye binerler.

Bu sırada, bir serçe geminin kenarına konup, bir yudum alıp uçar. Hızır, Musa'ya der ki:

- Seninle benim ilmimiz Rabbim'in ilmine kıyasla, o serçenin aldığı bir yudum su kadar bile değil.

Gemi yol alır. Hızır, gemicilerin ortalıkta görünmediği bir sırada, birkaç tahta sökerek gemiyi deler. Musa:

- Gemidekileri boğmak mı istiyorsun? Yaptığın şaşılacak bir iş, der. Hızır, şartı hatırlatır

- Benimle arkadaşlık edemez, gördüklerine sabredemezsin dememiş miydim, der. Musa, unuttuğunu, mazur sayılması gerektiğini söyler.

Nihayet bir sahilde gemiden inip, yürüyerek yollarına devam ederler. Karşılarına oyun oynayan çocuklar çıkar. Aralarında Ceysur isimli bir çocuk vardır. Hızır o çocuğu öldürür. Musa şaşırır, öfkelenir:

- Kısas hakkın yokken, suçsuz bir kimseyi öldürdün. Doğrusu çok kötü bir şey yaptın, der. Hızır :

- Bu seferki karşı çıkışın öncekinden daha ağır oldu, diye karşılık verir. Musa:

- Tamam, bu seferlik affet. Eğer bir daha aynı hatayı işlersem benimle arkadaşlığını kesebilirsin. Seni haksız bulmam, der.

Tekrar yola koyulurlar. Bir beldeye varırlar. Karınları açtır. Ahaliden yiyecek isterler. Fakat kimse onları ağırlamaz. İki garip yolcuya bir şey vermeyip aç bırakacak kadar alçalmışlardır. Hz. Musa üzülmüş, biraz da kızmıştır. Oradan uzaklaşırlarken, kimi taşları düşmüş, yıkılmak üzere olan bir duvar görürler. Hızır taşları yerine koyar, duvarı düzeltip sağlamlaştırır.

Musa artık sabredemez. Şart aklındadır, ayrılığa sebep olacağını da bilir. Fakat belde ahalisinin kötülüğüne karşılık Hızır onlara iyilik yapmasına bir anlam veremez, itiraz eder:

- İsteseydin duvarın tamirine karşılık onlardan bir ücret alırdın, der.

Gerçi bu, öncekiler gibi hiddetle yapılmış bir itiraz değildir ama ayrılığın habercisidir. Hızır;

- Artık ayrılma vaktimiz geldi, der, fakat gitmeden önce sana, yaptıklarımın sebebini anlatacağım:

O deldiğim gemi yoksul gemicilerindi. Her sağlam gemiye el koyan hükümdarlarının gasbından korumak için gemiyi kusurlu hale getirdim. Hükümdar geminin kusurunu görüp, almadan gitti. Gemiciler de daha sonra gemilerini tamir edip, işlerine koyuldular.

Çocuğa gelince; onun anne babası iman etmiş kimselerdi. Çocuk küfre öyle meyilliydi ki, büyüdüğü zaman küfrünün anne babasının halis imanlarına zarar vermesinden korktuk. Onun çocukken ölmesi herkes için hayırlıydı. Hem Allah onlara daha salih bir evlat verecektir.

Duvara gelince; o duvar iki yetim çocuğa aitti ve altında bir hazine vardı. Babaları da çok iyi bir insandı. Allah, çocuklar ergenlik çağına yetişmeden hazinenin ortaya çıkmasını istemedi ki başkaları sahiplenmesin.

Ayrıca bunları kendiliğimden yapmadım, Rabbim'in emrine uydum.

. . .

Rasulullah bu kıssayı, yukarıda hikâyelendirdiğimize yakın bir şekilde ashabına anlatmış ve sonra şöyle buyurmuştur:

- ***Allah, bize de, Musa'ya da rahmet etsin! Sabretmesini çok isterdim. Sabretseydi de, görecekleri Allah tarafından bize de haber verilseydi. Eğer acele etmeseydi, daha birçok şaşılacak şey görecekti.*** (Ahmed b. Hanbel, Müslim)

İnsana nimet verdiğimizde yüz çevirip yan çizer. Kendisine şer dokununca da umutsuzluğa düşer.

(İsra 83)

AYŞE ÖĞRETMENİN ÇOCUK HASRETİ

Üniversite öğreniminden iki yıl sonra evlenen Ayşe Öğretmen evliliğinin üzerinden iki yıl geçmesine rağmen çocuk sahibi olamamıştır. Bunun üzerine doktora giden Ayşe, rahminde kist olduğu ve çocuk sahibi olmanın tehlikeli olabileceği konusunda uyarılır. Bunu duyunca çok üzülür. Çünkü çocukları çok sevmektedir ve bir an önce çocuk sahibi olmak istemektedir.

Eşi bu konuda kendisine biraz zamana bırakalım der. Acele etmeyelim. Çocuk olmuyorsa bunda da bir hayır vardır şeklinde sürekli olarak teselli etmeye çalışsa da eşini tüp bebek tedavisi konusunda ikna eder.

Neredeyse üç yılı geçmiştir evleneli. Kendi imkanları ile tüp bebek tedavisine başlarlar.

İlk tedavi sonuç vermez ve aradan altı ay geçtikten sonra ikinci kez denemek isterler.

Bu sefer de eşinin sabretmesi konusunda ısrarı ve aceleye gerek olmadığını söylemesine rağmen bir türlü ikna olmaz.

Doktorlarda aradan en az bir yıl geçmesini söylerler.

Ne var ki altı ay sonra ikinci deneme daha yapılır ve yine sonuç alınamaz.

Ayşe öğretmen büyük bir üzüntü içinde işine devam eder. Yaklaşık 5 yıl sonra kansere yakalanır. Aslında daha önceden belirtileri var olan ama kist yüzünden dikkat çekmeyen bir nedenden ötürü fark edilemez.

Ayşe öğretmen uzun bir tedaviden sonra hayata gözlerini yumar.

Kanser tedavisi sırasında o kadar çocuk istemesine rağmen iyi ki çocuğun olmadığına şükreder. Çünkü önceden beri var olan bu hastalık yüzünden çocuğu annesiz kalacaktı. Şimdi ise geride eşinden ve ailesinden başka bıraktığı kimse yoktur.

Geride gözü yaslı bir çocuk olmaması onun için en büyük teselli olmuştur.

Hayat ne zaman hangi sürprizlerle karşımıza çıkacak bilinmez ama bazen de olanın bizim hayrımıza olduğu düşüncesini kabullenmek ve bazı konularda çok fazla ısrarcı olmamak gerekir.

Başına ne gelirse gelsin, karamsarlığa kapılma. Bütün kapılar kapansa bile, sonunda O sana kimsenin bilmediği gizli bir patika açar. Sen şu anda göremesen de, dar geçitler ardında nice cennet bahçeleri var. Şükret! İstediğini elde edince şükretmek kolaydır. Sufi, dileği gerçekleşmediğinde de şükredebilendir.

(Şemsi Tebrizi)

İYİ NİYETLİ BANKACININ YAPTIĞI İYİLİK KÖTÜ SONLANINCA

Fahri, üniversiteden sonra sınavlara girerek kazandığı bankada uzun yıllardır gişe görevlisi olarak çalışmaktaydı. Sevdiği bir iş değildi. Başlangıçta bankacı olmak ona cezbedici gelmişti. Daha sonra sürekli pazarlama biriminde çalışmak yerine gişede kota sorunu olmadan çalışmayı tercih etmişti.

Yaklaşık 6 yıllık bir çalışmadan sonra evlenmiş ve bir çocuğu olmuştu. Gençliğinde tur rehberliği gibi gezerek çalışacağı hayalleri vardı. Üniversite sonrası ne istediğini bilmeyen birçok mezun gibi o da ilk bulduğu yere girmişti.

Artık geleceğe dair bir beklentisi yoktur. Hafta sonları dinlenerek ve sevdiği arkadaşlarla görüşerek vakit geçiriyordu.

Bir akşam dayısı ziyaretine gelir. Biraz hoşbeşten sonra ülke dışına gideceğinden bahseder. Bunun için vize alması gerektiğini fakat bankada belli bir miktarda parası olması gerektiğinden bahseder. Bunun için birkaç tanıdığından emanet para istediğini ve bekleyiş içinde olduğunu söyler.

Bunun üzerine Fahri dayısına, beklemesine gerek olmadığını kendisinin yardımcı olacağını söyler.

Bir gün sonra bankaya gelip sıra almasını ister.

Dayısı bankaya gelince ona hesap açıp 50.000 lira para yatırmış gibi işlem yapar. Dayısına bir iki saat sonra tekrar gelmesini ve içerdeki parayı almış gibi imza atmasını ister.

Dayısı yeğeninin yaptığı yardımdan dolayı memnun kalır. İki saat sonra gelip parayı almış gibi işlem yaparlar ve imza atar. Bir süre sonra dayısı bankadan ayrılır.

İki hafta sonra bankaya rutin müfettiş denetimi gelir. Müfettiş denetlemek için bazı fişler ister ve bu fişlerden 50.000 lira olan dikkatini çeker. Çünkü aynı gün içinde üstelik iki saat arayla aynı para çekilmiştir. Bu olay dikkatini çeker ve kamera tespiti ister. Kamera görüntülerinden iki hafta önce gişe memuru Fahri'nin gişesinden bir adamın işlem yaptığı ve herhangi bir para vermeden imza attığı ortaya çıkar. Diğer fişin saatinde de aynı kişinin parayı almadan almış gibi imza attığı ama fişte 50.000 lira gibi bir paranın çıktığı gözükür. Bunun üzerine Fahri'yi çağırır ve hesap sorar.

Fahri'nin hiç ummadığı bir gelişmedir. Daha önce de bu kadar yüklü olmasa da müşteriler adına para hareketi yaptıkları oluyordu. Bu sefer kendi dayısı için sadece bir makbuz vermek için yaptığı işlem başına dert olmuştu.

Müfettişin soruşturması sonrasında İnsan kaynakları bölümü Fahri'nin işten çıkarıldığını bildirir. Fahri daha küçük bir ceza beklerken böyle bir sonuç karşısında yıkılır. İyi tarafı tazminatı ödenir. Banka iyiniyetli davranıp tazminatını ödeme yolunu seçmiştir.

Basit bir iyilik yapayım derken işinden olmuştu. Şimdi ne yapacaktı. Evinin taksitleri vardı ve bu saatten sonra başka bir bankaya girmesi de artık zordu.

Bir aylık bir bunalım sürecinden sonra bir karar verdi. Evin borcunun bitmesine epey bir süre vardı. Evin satışını gerçekleştirip kiraya çıkacaktı. Bu şekilde aylık harcaması azalacaktı.

Daha önceden tanıştığı bir gezi şirketiyle görüşerek tur rehberi olarak çalışmak istediğini söyledi. Gerekirse uzun bir süre düşük ücretle iş öğrenme adına çalışabileceğini söyleyince gezi şirketi bunu kabul etti.

6 aylık bir çalışma sürecinden sonra kendini geliştirerek yarı profesyonel bir tur rehberi olarak başka bir firmada işe başladı.

Fahri için kötü biten banka işi onun geçmişte hayallerini süsleyen işine kavuşmasını sağladı.

Gerçek iyimser, problemlerin farkındadır; ama çözümleri de bilir, zorlukları görür ama üstesinden gelineceğine de inanır, olumsuzlukları yakalar; ama olumlulukları da vurgular, en kötüye açıktır ama en iyiyi de bekler, şikayet etmek için nedeni vardır; ama gülümsemeyi seçer.

W. Arthur Ward

İHALEYİ ALAMAYINCA HERŞEYİ DEĞİŞTİ

Davut on yılı aşkındır bir inşaat firmasının sahibiydi. Son iki yıldır işleri durma noktasına gelmişti. Bugün yarın iş gelir düşüncesi ile tüm birikimini işçilerine harcamıştı.

Bir gün bir firmanın inşaat işi için ihaleye girdi. En düşük fiyatı verip iş hareketi olsun ve işçilerin maaşı çıksın diye işi alma niyetindeydi. Yoksa işçilerin parasını ödeme imkanı da ortadan kalkacaktı.

İhaleye büyük umut bağlamıştı. Ne de olsa kendisinden daha düşük fiyat veren çıkamazdı. Çok büyük bir iş değildir ama altı ay boyunca meşgale olacaktı.

İhaleyi alamazsa işçileri çıkarmak zorunda kalacaktı ve sonrasında firmayı küçültmek zorunda kalacaktı. On yıllık bir firmayı birden kaybetmek istemiyordu.

İhale günü gelip çatmıştı. Sonunda teklifini verdi. Sonucun belli olduğunu düşünürken kendisinden daha uygun teklif veren firma ihaleyi almıştı. Buna inanamadı. Daha düşük teklif zararına çalışmak demekti. Buna bir anlam veremedi.

Şimdi ne olacaktı?

İşçilere ücretsiz izin vererek bir süre başka işlerde çalışmasına razı olacaktı. Bir süre daha ayakta kalmak için çaba harcayacaktı.

Üç ay sonra uygun teklif verdiği firmanın kendisinden daha uygun veren firmaya neredeyse hiç ödeme yapamadığı ve işi veren firmanın devam eden bir mahkemeyi kaybetmesi üzerine iflas ettiğini öğrenir. İşi alan inşaat firması da ciddi oranda alacağıyla ortada kalır. Zaten zararına çalışmaya razı olmuşken büyük bir yıkımla ortada kalır.

İhaleyi çok istemesine rağmen alamamasına çok sevinir. En azından gereksiz yere masraf yapıp borçlanma yapmamıştı. Şimdi alacağı basit bir işle bile toparlanma durumu vardı.

Nihayet bir ay içinde girdiği ihalede kazançlı bir işe aldı. Bir süre sonra kaybettiği birikimleri de geri kazandı.

Çok istediği ihaleye girmiş olsaydı hem işçilerinden hem de tamamıyla firmasından olacaktı.

Her şerde bir hayır olduğu bir kez daha ortaya çıkmış oldu.

Ey kardeş! Sen ancak bir düşünceden ibaretsin.
Ondan başka neyin varsa, kemiktir, ettir.
Eğer düşüncen, manevi varlığın gül ise, sen de gül
bahçesisin; diken isen küllüğe atılacak odun gibisin!

Mevlana

RAPOR YETİŞMEYİNCE

Ülkü ve Bahadır çiftleri evlendikten birkaç yıl sonra yaptıkları birikimle bir araç sahibi olmak isterler. Kirada oturmaktadırlar ve bir yandan da ev alma arzusu vardır. Ev alma için ciddi bir birikime ihtiyaç vardır. Ev alma olayını öteleyip araç için arayışa girmişlerdir.

Bahadır, engelli kardeşinin hastane işleri için de kullanabileceği ve onun raporuyla vergi indirimi hakkından yararlanabileceği şekilde araç alabileceğini öğrenir.

Raporla bayiye başvurur ve istedikleri araç konusunda üstelik sıfır kilometre bir araç almaya gücü yetecektir. Tek şartı beş yıl boyunca aracı satamayacaklardır.

Mevcut birikimlerini ayarlayıp raporla birlikte bayiye giderler işlemler için. İşlemler başlatılır ama raporun aslı gibidir imzası yüzünden resmi dairede kabul edilmez. Aslında aslı gibidir imzalı belge kabul edildiği halde aslını görmek isterler ne var ki orijinal raporu kayıptır. Bunun için hastaneye dilekçe verirler ama kurulun tekrar rapor çıkarması için birkaç ay beklemeleri gerekecektir.

Bu olay morallerini çok bozar ve araç olayına ara verirler.

Ülkü bu duruma çok üzülse de Bahadır 'Bunda da bir hayır var' diyerek beklemenin doğru olacağı konusunda düşüncelerini ortaya koydu.

Aradan bir yıl geçtikten sonra Bahadır'ın tanıştığı bir kişinin bitmek üzere olan bir dairesi olduğu ve bunu maddi şartlardan dolayı uygun bir fiyata vereceğini söyleyince Bahadır ev alma konusunda araştırma yapar. Dairenin olduğu bölge yatırıma açık bir yer ve uzun vadede değer kazanacak bir alandadır. Bu daireyi kaçırmamak gerekir diye düşünürler. Araç almak için yaptıkları birikimin üstüne biraz daha eklemişlerdir. Bu arada ek kredi arayışlarına girerler ve bir akrabaları uzun yıllardır biriktirdiği altınları olduğunu söyler. Şimdilik ev alıncaya kadar kullanabileceklerini söyleyince ciddi miktarda bir para oluşur. Kalan kısmı için ev kredisine başvururlar ve daha önce ödedikleri kira tutarı gibi ödeyecekleri taksitlerle bir ev sahibi olurlar.

Bir yıl önce son anda araç alma işi sekteye uğramasaydı şu anda satabilecekleri bir araçları olmayacaktı. Dört yıl daha satamadan beklemek durumunda olacakları için ev alma tamamen bir hayal olacaktı. Şimdi ise on-onbeş yıl sonra almayı hayal ettikleri bir eve sahip olmuşlardı. Bir yıl önce şer gözüken bir olay onlara hayırlı bir olay olarak geri dönmüştü.

O ağır iftirayı uyduranlar, sizin içinizden bir güruhtur. Bu iftirayı kendiniz için kötü bir şey sanmayın. Aksine o sizin için bir hayırdır. Onlardan her biri için, işledikleri günahın cezası vardır. İçlerinden (elebaşılık ederek) o günahın büyüğünü üstlenen için ise ağır bir azap vardır.

(Nur 11)

REFEKATÇILIKTAN HASTA YATAĞINA GİDEN SÜREÇ

Selçuk 26 yaşında bir satış temsilcisidir. Bir gün iş arkadaşının karın ağrısı yüzünden onu hastaneye götürür. Arkadaşının durumu iyi değildir ve aracı sürecek durumu olmayınca kendisi ona refakat eder.

Hastanede bir süre gözlem altına alırlar. Arkadaşının ailesi şehir dışında olunca hastanede beklemek ona düşer.

Arkadaşının böbrek sancısı tutmuş ve bir süre serum alması gerekmektedir. Bu arada bazı tahlillerin yapılması için bir gece hastanede kalması icap etmektedir.

Selçuk hastanede gezinirken oradaki görevlilerle muhabbet etmeye başlar. Bu arada çalıştığı firmanın da kendilerine yaptığı özel sağlık sigortası olduğu aklına gelir ve oradakilere bizim firmanın sağlık sigortası bu hastanede geçiyor mu diye öylesine sorar.

Kontrol ettikten sonra o hastanede sigorta kapsamı dahilinde olduğu hatta bir kez check-up hakkı olduğunu öğrenir.

Bir gün boyunca hastanede kalacağını bildiği için en azından bu hakkımı kullanayım diyerek ne gerektiğini sorar.

Oradakiler onu yönlendirirler ve işlemlerini başlatırlar.

Birçok kan tahlili, idrar tahlili derken birkaç doktor tarafından da muayene edilir.

Sağlıklı olduğunu düşünen ve sırf vakit geçsin diye bu hakkını kullanan Serdar'ın kan tahlillerinde bir anormallik görülür. Bunun üzerine doktor daha detaylı tahliller için tekrar kan ister ve onu başka bir labaratuvara gönderir.

Serdar bu gelişme karşısında şaşırır. Hiç beklemediği bir şeydir.

Birkaç gün sonra işyerinde iken Serdar'ı hastaneden ararlar.

Hastanede doktora giden Serdar'a doktor erken teşhis edildiğinde neredeyse yüzde yüz başarı ile sonuç veren bir kansere yakalandığını söyler.

Bu durum karşısında neye uğradığını bilemez.

Görünüşte sağlamdır ama tahlillerde ciddi bir hastalığın baş gösterdiği ortaya çıkmıştır.

Doktora göre tedavi şimdi başlamazsa bir yıl sonra daha karışık bir hale geleceği ve akciğerlere kadar sıçrama ihtimalinin yüksek olduğunu söyler. Diğer hastanelerde de muayene olabileceğini ama bir şekilde bir an önce tedaviye başlaması gerektiğini izah eder.

Bunun üzerine ailesiyle konuşan Serdar, birkaç hastane ile daha görüşür ve aynı sonuçlar çıkar.

Sonunda hastaneden tedavi olmayı kabul eder.

Birkaç basit ışın ve radyo terapisi ile tedavi olur. Yaklaşık üç aylık bir dinlenme sürecinden sonra işine geri döner.

Böbrek sancısı için arkadaşını götürmesi ve kalacak kimse olmadığı için kendisinin kalması sonucu ortaya çıkan gelişme onun çok daha zarar görmeden ciddi bir rahatsızlıktan kurtulmasına neden olur.

Arkadaşının başına gelen olumsuz durum Serdar için bir hayra dönüşür.

"İnsanlardan öylesi var ki, hayrın anahtarı, şerrin kilididir. Öylesi de var ki, şerrin anahtarı, hayrın kilididir. Eline Allah tarafından hayır anahtarları verilene müjdeler olsun! Eline şer anahtarları verilene de yazıklar olsun!"

(Hadişi Şerif)

ARAÇ ARIZASININ GERÇEK KAZANIMI

Kenan ve Erdem iki yıllık arkadaşlardı. Çoğunlukla birbirlerinden borç alışverişine girmezlerdi. Genellikle Kenan Erdem'den borç isterdi ve Erdem buna hayır demezdi. Geç de olsa borcunu tahsil ederdi.

Bir gün Erdem şehir dışı seyahate çıkar. Seyahatin üçüncü gün aracı arızalanır. Araç hareket etmemektedir ve serviste yapılması gerekmektedir.

Bunun için birkaç bin liraya ihtiyacı vardır ve o şehirde kalması icap etmektedir. Yakın bir zamanda kardeşine borç verdiği için nakit parası yoktur. Sadece yol için ayırdığı yakıt ve harcırah parası vardır. Üstelik bir hafta daha iş seyahati yapması gerekecektir.

İlk aklına gelen arkadaşı Kenan'dan borç istemek olur. Ne var ki Kenan parası olmadığını söyler. Halbuki birkaç hafta önce bir miktar parası olduğunu ve vadeye koymayı düşündüğü söyler. Bu cevabı alınca hayal kırıklığına uğrar ama yapacak bir şey yoktur.

Birkaç arkadaşını arayarak gereken parayı bulur. Serviste araç yapıldıktan sonra seyahete devam eder.

Aradan bir yıl geçer ama Kenan'la olan arkadaşlığı eskisine göre biraz daha resmi olmuştur. Kenan'da bu durumun farkındadır ve Erdem'den daha önceden istediği küçük çaplı borçları bile isteyecek yüzü yoktur.

Bir gün Kenan'la ortak arkadaşlarından birine denk gelir. Biraz sohbet sırasında Kenan'ın annesinin ameliyatı bahanesiyle kendilerinden 20.000 lira gibi ciddi bir miktar borç aldığını ve aynı parayı birkaç kişiden daha aldığını söyler. İşin kötü tarafı annesini bahane ederek iş nedeniyle olan borçlarını ödemek için arkadaşlarına böyle bir bahane uydurmuş. İşleri kötü gittiği için para bulması gerektiğinden böyle bir yola başvurmuş. Aklına Erdem'de gelmiş ama önceden araç olayından dolayı aralarının soğuması yüzünden böyle bir teklif etmeye cesaret edememiş. Şimdi arkadaşları verdiklerini paraların üzerine bir bardak su içeceklerini söylemişler.

Erdem bu olayı duyunca bir yıl önce arkadaşının vermediği ödünç para için çok sevinmiş. Eğer o zaman o parayı verseydi şu an kendisinin de yüklü miktarda bir parasının üzerine su içecekti.

Bazen,
Akışına bırakmak gerekir;
Yaprakları,
Suyu,
Mevsimleri,
Olayları, İnsanları...
Ve bekleyip görmek gerekir sonuçları...

BAŞARISIZ BİR AVUKATLIKTAN BİR DEVLETİN BAĞIMSIZLIĞA GİDEN YOL

Mahatma Gandi, 2 Ekim 1869'da Porbandar'da dünyaya gelmiştir. Babası Karamçand Gandi, Porbandar'ın başveziri, annesi Putlibai babasının dördüncü eşi ve dindar bir Hinduydu. Doğuştan 'çalışanlar' kastına mensup olan Gandi, etyemezlik, canlılara zarar vermeme, kişisel arınma için oruç tutma ve farklı kast üyeleri arasında karşılıklı tolerans gibi öğretileri benimsemiştir.

Gandi, 13 yaşındayken ailesinin isteği üzerine 13 yaşındaki Kasturba Makhanji ile evlenmiştir. Bu evlilikten Harilal, Manilal, Ramdas, Devdas adlarında dört çocuğu dünyaya gelmiştir. Ailesi avukat olmasını istediği için Bhaunagar'da bulunan Samaldas Koleji'ne devam etmiş, 4 Eylül 1888'de hukuk okumak için University College Londan'a girmiştir. Londra'da geçirdiği zaman içinde et, alkol ve seksten uzak duracağına dair annesine söz veren Gandi, daha sonrasında körü körüne bu inanca bağlanmayı reddetmiş, etyemezlik üzerine yazılar okuyarak bu inanışı entelektüel boyutta benimsemiştir. Ve hatta etyemezler derneğine katılarak yönetim kuruluna seçilmiş ve bir şubesini kurmuştur. Londra'da eğitim hayatını tamamlayan Gandi, İngiltere ve Galler barosuna girdikten sonra Hindistan'a dönmüş; fakat burada avukatlık yaparken başarılı olamamıştır. Bir süre lise öğretmenliği yapmış ve Rajkot'a geri dönerek arzuhalcilik yapmaya başlamıştır. Bir Britanya subayı ile anlaşmazlığa düşünce bu işine de son vererek Güney Afrika'nın Natal Eyaleti'ne yerleşerek burada işe başlamıştır.

Gandi, Güney Afrika'da Hintlilere uygulanan ırkçılığa maruz kalmış ve bu ırkçılığın doğurduğu sosyal eşitsizlik ve haksızlıklar Gandi'nin sosyal eylemciliğinin temelini oluşturmuştur.1894 yılında Natal Hint Kongresi'ni kurarak Hintli topluluğunu ortak bir siyasi çatı altında toplamış ve Hintlilerin yaşadığı ırkçı muamele ve ayrımcılığa, sosyal eşitsizliklere dikkatleri çekmeyi başarmıştır.

1915 yılında Güney Afrika'dan Hindistan'a dönen Gandi, burada kendisini destekleyenlerle birlikte bir aşram kurmuştur. Kötü yaşam koşulları altında olan köylerin temizlenmesine, buralarda okul ve hastaneler kurulmasına öncülük etmiş ve köy liderlerini desteklemiştir. Tüm bunların sonucunda polis, huzursuzluk çıkardığı gerekçesiyle Gandi'yi tutuklamış fakat halkın protestoları sonucunda mahkeme Gandi'yi serbest bırakmıştır. Yoksul köylülere yardım edilmesi, kıtlık bitene kadar vergilerin kaldırılması gibi konularda hükümetle anlaşma imzalamıştır. Halkın sevgisini ve güvenini kazanan Gandi'ye insanlar baba anlamına gelen "Bapu" ve yüce ruh anlamına gelen "mahatma" demeye başlamışlar ve böylece Gandi'nin ünü tüm ülkeye yayılmıştır. Tüm yaşantısını ezilen sınıfın çıkarlarına hizmet etmeye, sosyal adaleti sağlayıp ırkçılık ve sınıfsal ayrımı reddetmeye, özgürlük mücadelesine adayan Gandi,30 Ocak 1948'de Yeni Delhi'de Hindu bir radikal olan suikastçı Nathuram Godse tarafından vurularak öldürülmüştür. Ölümünden sonra külleri kaplara konarak, anma törenleri için Hindistan'ın çeşitli bölgelerine gönderilmiştir.

İngiltere'de eğitim aldıktan sonra bir süre devam ettiği avukatlık, öğretmenlik ve arzuhalcilik gibi işlerde başarılı olamamıştır. Bir süre yaşadığı Güney Afrika'da Hintlilere yapılan ayrımcılık dikkatini çekmiş ve bunun üzerine diğer arkadaşlarıyla birlikte tepkilerini ortaya koymuştur.

Daha sonra memleketi Hindistan'a dönen Gandi uzun bir mücadeleden sonra Hindistan'ın bağımsızlığını kazanmasında büyük rol oynamıştır.

Maksadı hayırlı olanın, sonu da hayırlı olur.

A. Arvasi

MİLYONLARCA KİŞİYE DOST KAZANMA SANATINI ÖĞRETEN ÜSTAD DALE CARNEGİE'NİN HAYAT SERÜVENİ

Bugüne kadar milyonlarca kitabı satılan ve Dünyada Kişisel Gelişim alanında büyük bir çığır açan büyük üstad Dale Carnegie, 24 Kasım 1888 – 1 Kasım 1955 tarihleri arasında yaşamıştır. Amerikalı yazar, hatip, kişisel gelişimci ve kişiler arası iletişim uzmanıdır. İlk basıldığı 1936 yılında 30 milyondan fazla satış yapan ve günümüzde de hâlâ popülerliğini koruyan ve pek çok dile çevrilen "How to Win Friends and Influence People" "Dost Kazanma ve İnsanları Etkileme Sanatı", kitabının yazarıdır.

Dale Carnegie sonradan çok ünlü bir konuşmacı, eğitimci ve yazar olmasına rağmen kendisinin çok enteresan bir hayat hikayesi vardır.

Yıl: 1902. Yer: Kansas City'den yüzlerce km uzaktaki bir sel yatağına kurulmuş ufacık, haritada nokta kadar küçücük bir kasaba olan Missouri, Harmony Church.

Cılız, atletik olmayan ve huysuz Dale, namuslu ama iflasın eşiğinde bir domuz çiftçisinin oğludur. Anne ve babasına saygı duyar ama onların yoksulluktan mustarip adımlarının izinden gitmekten korkar. Dale başka şeylerden de korkar: Gök gürültüsü ve yıldırımdan, cehenneme gitmekten ve önemli anlarda dilinin tutulmasından. Düğün gününden bile korkar: Ya aklına müstakbel eşine söyleyecek hiçbir şey gelmezse?

Bir gün bir Chautauqua Konuşmacısı (Chautauqua 19. YY'ın sınlarıyla 20.YY'ın başlarında ABD'de bir hayli popüler olan bir yetişkin eğitimi hareketleridir.) kasabaya gelir. 1873'de ortaya çıkan ve NewYork merkezinin dışında konuşlanmış Chautauqua hareketi, edebiyat, bilim üzerine dersler vermeleri için yetenekli konuşmacıları ülkenin dört bir yanına gönderir. Taşralı Amerikalılar bu konuşmacılara, dış dünyadan getirdikleri göz kamaştırıcı esinti –ve dinleyicileri hipnotize etme güçleri- için değer verir. Kasabaya gelen konuşmacı fakirlikten zenginliğe giden hikayesi ile genç Dale'i büyüler; bir zamanlar kasvetli bir geleceği olan boynu bükük bir köy çocuğuyken, karizmatik bir konuşma tarzı geliştirir ve Chautauqua'da sahneye çıkar. Dale konuşmacının ağzından çıkan her kelimeye sıkıca tutunur.

Birkaç yıl sonra Dale topluluk önünde konuşmanın değerinden bir kere daha etkilenecektir. Ailesi Missouri, Warrenburg'un 5 km dışındaki bir çiftliğe taşınır, dolayısıyla yemek ve yatak için para ödemeden üniversiteye gidebilecek duruma gelir. Dale, kampüsteki konuşma müsabakalarını kazanan öğrencilerin Lider addedildiğini görür ve onlardan biri olmaya azmeder. Her müsabakaya kayıt yaptırır ve pratik yapmak için geceleri aceleyle eve döner. Tekrar tekrar kaybeder ancak Dale sebatkardır ama iyi bir hatip olduğu söylenemez. Ancak en nihayetinde çabalarının karşılığını almaya başlar. Kendini bir konuşma şampiyonu ve kampüs kahramanına dönüştürür. Diğer öğrenciler konuşma dersleri almak için ona başvurur; onları eğitir ve onlar da kazanmaya başlar.

Dale, 1908 yılında üniversiteden ayrıldığında ailesi hala fakirdir ama Amerika'nın şirket dünyası hızla büyümektedir. Henry Ford iş ve keyif için sloganını kullanarak Model T'leri peynir ekmek gibi satmaktadır. Elektrik orta sınıfın evlerini aydınlatır, binalara kurulan tesisat, onları gece yarıları gece yarıları evin dışına yapılan yolculuklardan kurtarır.

Yeni ekonomi yeni bir insan türü gerektirmektedir; bir satış elemanı, sosyal bir operatör, hep gülen bir yüz, buyurgan bir tokalaşma ve iş arkadaşlarıyla iyi geçinirken aynı anda onları gölgede bırakma kabiliyeti. Dale, sayıları giderek artan satış elemanlarından biri olur ve sahip olduğu az biraz şeyin yanı sıra dilbazlığıyla yola koyulur.

Dale'in soyadı Carnegie'dir (aslında Carnagey; ilerleyen zamanlarda, büyük sanayici Andrew'u çağrıştırması için yazılışını değiştirir.) Armour and Company için sığır eti satmakla geçen meşakkatli birkaç yılın ardından, topluluk önünde konuşma eğitmeni olarak kendine bir yer açar. Carnegie ilk dersini NewYork'ta 125. Sokak'taki YMCA akşam okulunda verir. Akşam okulu öğretmenlerinin aldığı ücret olan seans başına 2$'ı talep eder. Topluluk önünde konuşma dersinin ilgi uyandıracağından şüphe duyan müdür bu parayı ödemeyi reddeder.

Ancak ders bir gecede sansasyon yaratır ve Carnegie, gençken kendisini zorlayan güvensizliğin kökünü kazımalarında iş adamlarına yardım etmeye adanmış Dale Carnegie Enstitüsü'nü kuracak denli ilerler. 1913'te ilk kitabı Public Speaking and Influencing Men in Business'i (Topluluk Önünde Konuşma ve İş Dünyasındakileri Etkileme) yayınlar.

Hayrı yapan, hayırdan da hayırlıdır;
şer isteyense şerden de kötüdür.

Hz. Ali

PES ETME NOKTASINDAKİ KIZINA DERS VERMEK İSTEYEN ANNENİN HİKAYESİ

Genç bir kadın işlerin ters gittiğini düşünerek annesine dert yakınır. Üstesinden nasıl geleceğini bilemediğini ve artık pes ettiğini söyler. Bir sorun çözülür gibi gözükse de bir başka sorun tekrar hayatına girmektedir ve sürekli olarak onlarla uğraşmaktan yaşamaya vakit bulamadığını ifade eder.

Bu konuşmalar üzerine annesi kızını mutfağa götürür. Mutfakta üç kabı suyla doldurur ve onları yüksek ateşteki ocağa koyar. Kısa zaman sonra kaplardaki sular kaynar. Birince kaba havuç, ikinci kaba yumurta üçüncü kaba ise kahve çekirdeği koyar.

Hiçbir şey söylemeden beklemeye koyulur.

Bir süre sonra ocağı kapatır. Önce ilk kaptaki havuçları çıkartır ve bir kaseye koyar. Sonra yumurtaları çıkartır ve bir kaseye koyar. Son olarak kahvenin olduğu kaptan bir fincan su alır ve fincana koyar.

Kızına ne gördüğünü sorar? Kızı ise havuç, yumurta ve kahve der.

Annesi onu daha yakına çeker ve havuçlara dokunmasını söyler. Havuçlara dokunan kızı daha yumuşak olduğunu fark eder. Sonra yumurtaları soymasını ister. En son olarak da kahveden içmesini söyler.

Sonra bir anlam veremeyen kız annesine 'Bunlar ne anlama geliyor' diye sorar?

Annesi ise her bir nesnenin farklı zorlukla karşılaması sonucu her birinin farklı tepki verdiğini ifade eder. Havuç başında sert iken kaynamış suya girince yumuşamıştır. Zayıf hale gelmiştir. Yumurta kırılgandır ve dışındaki ince kabuğu içini korurken kaynadıktan sonra ise içi sertleşir. Kahvede başta sert çekirdek iken sıcak suyu görünce hem yapısı hem suyu değiştirmiştir. Peki sen hangisi olmak istiyorsun der kızına. Zorluklar kapına dayandığında yumurta mı olmak istiyorsun yoksa havuç mu? Kahve olmak mı işine gelecektir?

Üzülme, istediğin bir şey olmuyorsa ya daha iyisi olacağı için ya da olmaması gerektiği için olmuyordur. Sen darda odluğun vakit elinde olanlarla en iyisini yaparsın en güzel çareleri düşünürsün, uygularsın. Fakat yine de bir şey olmuyorsa kendini yerden yere vurman iyi bir durum değildir. Direnmekle kendi iç huzurunu bozarsın. Sabırla uygula sana verilmiş olanları. O anki imkanlarınla!

Mevlana

SABIRSIZ DERVİŞ

Eski devirde, bir medrese talebesi şöhretli bir şeyhin dergahına gidip ona talebe olur. Okuyup çalışmaya, aynı zamanda dergâhın işlerini de görmeye başlar. Bir gün çeşmeden su doldurup, tekkeye dönerken, mahallede oynayan çocuklardan biri, bir taş atıp adamın elindeki testiyi kırar.

Üzülerek hocasına gider vakayı anlatır. Hocası, "***Zararı yok evladım her işte bir hayır vardır aldırma***" der. Ertesi gün, yine aynı şey olur, tekrar hadiseyi korkarak hocasına anlatır.

Hocası: "Böyle şeyler olur evlâdım, zarar yok her işte bir hayır vardır," der. Üçüncü günü, tekrar çeşmeden su doldurup dönerken bu sefer testiye atılan taş adamın gözüne gelerek kör eder.

Can acısıyla perişan, şeyhine giderek, felaketini anlatır. Şeyh yine soğukkanlı, "Onu tedavi ederiz, korkma evladım geçer," diye her günkü gibi; "Her işte bir hayır vardır" deyince, adam, içinden; "Senin hayrına da şerrine de," diyerek geceyi bekler ve herkes yattıktan sonra pılısını pırtısını toplayıp, geldiği köyün yolunu tutar. Sabah, şafak sökerken yolun kenarındaki çalılıktan bir ses gelir: "Tutun şu adamı, derhal yatırıp kurban edin!" Her tarafı silahlarla dolu iki kişi birdenbire yola fırlayarak adamı tuttukları gibi yere yatırırlar ve ellerindeki keskin bıçakları boğazına dayarlarken bir tanesi bağırır: "Ağa, bu adamın bir gözü kör, ne buyurursun keselim mi?" Ağa cevap verir: "Yok olmaz, bırakın

gitsin." Neye uğradığını şaşıran adam, yerden kalkıp üstünü başını temizledikten sonra korka korka sorar: "Beni neden kesecektiniz?" "Dün rakiplerimizle vuruştuk. Tutulduğumuz kurşun yağmurlarının altında bir tek can kaybetmedik. Bu bize Allah'ın büyük bir lütfü deyip, sabah ilk gördüğümüz bir canlı mahlûku kurban etmeye karar verdik. "Yolumuza ilk sen çıktın, seni kurban edecektik." Adam şaşkın bir halde tekrar sorar: "E, peki o halde niye bıraktınız?" "Dinimizde sakat bir kurbanın sevabı yoktur, caiz de değildir. Senin gözünün birini kör görünce bıraktık, işte bu. Hadi geç git yoluna" diye adamı iteleyince, adamcağız yolunu ters yüzü edip doğruca hocasının yanına döner ve tekrar ona talebe olur.

Teslim ol demek, elin kolun bağlı otur demek değildir. Sadece her imkanı denediğin halde olmuyorsa, onda senin için belki daha değişik güzellikler olacaktır. Hakk'ın karşına çıkardığı değişimlere direnmek yerine, teslim ol. Bırak hayat sana rağmen değil, seninle beraber aksın. Düzenim bozulur, hayatımın altı üstüne gelir diye endişe etme. Nereden biliyorsun hayatın altının üstünden daha iyi olmayacağını?

Şemsi Tebrizi

HER İŞTE BİR HAYIR VARDIR İLGİNÇ OLAYLAR

Dört yıldır evli olmama rağmen çocuk sahibi olamamıştık. En son tüp bebek tedavisine başvurduk. Hastaneye ön tahliller için belirlenen bir günde gittim. Tahliller için numune verdim. Tahlil sonuçlarını alıp doktora göstereceğim gün hastanenin sisteminde olan arıza nedeniyle birçok tahlil sonucu iptal oldu. Daha sonra kurtarılabilen çoğunluk arasına benim sonucum çıkmadı. Bu olay karşısından bir ay daha beklemem gerekecekti. Bunda da bir hayır vardır diyerek kendimi avuttum. Bir ay sonra tekrar hastaneye gideceğim gün resmi tatile denk gelip hafta sonu ile birleşince benim tahlil işi bir ay sonraya sarktı. Moralim bozulsa da bundan bir hayır vardır diyerek kendimi teselli ettim. Daha tedaviye başlamadan ön tahlillerde bu kadar sorun çıkarsa sonrası ne olur diye düşünmeden edemedim.

İkinci ayın sonunda bazı belirtiler yüzünden arkadaşlarım gebelik testi yapmamı söylediler. Böyle bir şeye inanmadan testi yaptım. Test sonucu pozitif çıkınca yine inanmadım ve doktora gittim. Tahlil sonucunda iki haftalık hamile olduğum ortaya çıkınca gözyaşlarımı tutamadım. Başıma gelen aksilikler meğer kendiliğinden olacak çocuk için bir süreç olduğunu sonradan fark ettim.

Ayşe A.

Maksadı hayırlı olanın, sonu da hayırlı olur.

Hoşlandığım güzel bir bayan vardı. Onunla evlenmeyi düşündükten sonra kendisine evlilik teklif ettim. O da bazı şartlarının olduğunu söyledi. Ben de onun güzelliğinden ne derse evet dedim. Annemlerle tanıştırdığımda bana bu kızla evlilik yürümez dediler. Bir anlam veremedim. Farklı kültürden ve farklı istekleri olan bir kız. Senin yetişme tarzın ve hayat anlayışına uygun değil. Şu an güzelliği seni aldatmasın. Evlendikten birkaç ay sonra ayrı dünyaların insanı olursunuz dedi. Kızın yetişme tarzı ve hayattan beklentileri ile seninkiler uyuşmuyor dedi annem. Aynı şeyi kızkardeşim ve teyzemde söyledi. O ana kadar hiç böyle şeyler düşünmemiştim. Kız da benden farklı istekleri olmamıştı. Sadece lüks bir düğün istiyordu. Ev eşyalarının istediği yerden alınmasını ve iyi bir sitede oturmak istediğini ve evlendikten sonra aracının olmasını istediğini söyledi. Ekonomik durumum buna müsaitti ve ben de kabul ettim.

Ailem ısrarıma dayanamadı ve evliliği kabul ettiler.

Ev mobilyası için ciddi bir para ödemiştik. Yapılan harcamaya neredeyse uygun bir semtte ev alabilirdik. Şimdi ise kirada oturuyoruz.

Evlendikten sonra üç ay geçti. Çok fazla tartışmamız olmadı. İkimizde birbirimizi idare ediyorduk. İlk bayram yaklaştı ve ben bayramda önce kendi aileme sonra eşimin ailesine gitmeyi hayal ederken eşim internetten tatil için otel bakmaya başlamıştı.

İlk ciddi kırılma bayram olayında olmuştu. Kendisinin tatil yapmak istediğini ve bayramda ev ev dolaşamayacağını söyledi. Ben tatile yine gidelim ama bayramdan sonra dememe rağmen ikna edemedim. Hayatımda ilk defa bayram günü aile, akraba ziyareti yerine otele gidiyordum. Eşim çalışsa ve bulunduğumuz şehir ailelerimize uzak olsa yine anlardım ama şartlar ve mesafe oldukça yakın idi ve ilk bayramımızdı. Eşimi görmek isteyen birçok akrabam vardı yaşlı olduğu için düğüne gelemeyen. Onlar hasretle beklerken bense otelin yolunu tutmuştum.

Bu olaydan sonra farklı davranışları yüzünden aramız açıldı. Ben idare etmeye çalışsam da o sürekli olarak beni suçluyordu. Kendisinin sıradan biri olmadığını ve buna benzer şeylerden bahsediyordu. Çok geçmeden iki yıl içinde boşanmaya karar verdim. Aldığımız eşyalara dokunmadan ve uygun bir nafaka ile aldığımız aracı da ona bırakarak yeter ki huzurum olsun diye ayrıldım.

Şu an kafam rahat ama davul bile dengi dengine çalarmış. Bense büyüklerimin sözünü dinlemeden sadece güzelliğe aldanarak ısrarcı oldum ve bedelini ciddi bir şekilde ödemek zorunda kaldım.

Levent K.

Söylediklerinizi duyurmak için, kimseyi kolundan tutmayın. Çünkü insanlar sizi dinlemeye istekli değillerse onları tutacak yerde, çenenizi tutmanız daha hayırlıdır.

Üniversite mezunu olarak özel sektörde bir işe girmiştim. Maaşı ve şartları tatmin edici değildi. Bir yıl sonra bir trafik kazası geçirdim. Kaza sonrası bir yıla yakın evde tedavi gördüm. Ayaklarımla ilgili sorun vardı ve yürümeye elverişli değildim.

Kazadan bir ay sonra vakit geçiremeyince evde ders çalışmaya başladım. KPSS sınavına hazırlanarak vaktimi değerlendireyim dedim ve bir yılın sonunda sınava girdim. Sınav umduğumda güzel geçti ve yakın bir yere atandım. Geçirdiğim kaza sonucu evde durmanın hayrı ders çalışmama olanak sağlamış oldu. İşe devam etseydim ders çalışma imkanım ve isteğim de olmayacaktı.

Fatih B.

Her işte hayır bulmayı arzu edenler, insanlara hüsnü zanda bulunsunlar.

Uzun yıllar boyunca her şeye canı sıkılan biriydim. Çevremdeki herkesi değiştirmeye çalışan ve bu olmadığı için sürekli olarak yakınan biriydim. Hoşuma gitmeyen bir olay olduğunda neden böyle oldu diye sürekli olarak kafa yorardım. Kendimi her şeyde ben zaten şansızım diyerek kötülerdim. Evliliğimde bu yüzden bozuldu. Önce kocama suç bulurken sonra asıl suçlunun kendim olduğunu anladım. Günün birinde okuduğum kitaplar sonucu işi oluruna bırakmayı alışkanlık edindim. O güne kadar değiştirmek istediğim şeyler için sadece tavsiyede bulunuyordum. Dinlerlerse dinlesinler yoksa yapacak bir şey yok diyor geçiyordum. Canımı hiçbir şeye sıkmamaya gayret gösterdim. Gereksiz korkularla yaşamaktansa hayattan zevk almaya bakmaya çalıştım. Başıma bir iş gelince bundan vardır bir hayır demeyi adet edindim. Bu şekilde çok daha huzurlu bir hayatım oldu.

Neslihan G.

Yapılan hayrın ödülü, akıl nispetinde değer kazanır.

7 yıldır çalıştığım sigorta firmasında bölge müdürünün değişmesi ve istediği kadroyu kurma girişimi sonucu işten çıkarıldım. 2 yılı aşkın çileli bir hayatım oldu. Bu sürede kendi iş kurma düşüncem üzerine yoğunlaştım. Sonunda kendi işimi yürütmeyi başardım. Hem kazancım hem de huzurum arttı.

Ömer T.

On yılı aşkındır pazarlama alanında faaliyet gösteriyordum. Onlarca çalışanım vardı. Birçok yer şube açmıştık.2001 krizi sonrası işlerim kötüye gitti ve çevremde hiçbir elemanım kalmadı. Bende birikimlerimin bir kısmını harcadım kalan kısmı ile de bir medikal dükkanı açtım. Şimdi gelirim bana ve aileme yetiyor. Elemanlar uğraşma gibi bir derdim kalmadı. Çok fazla kişiyle uğraşarak gece gündüz çalışmanın sonucu olarak büyük bir kayıp yaşadım. Şimdi azıcık aşım ağrısız başım diyorum.

Tevfik S.

Bizi uyarmazsanız, sizde hayır yoktur. Uyarılarınızı dinlemezsek bizde hayır yoktur.

10 yıllık kiracılıktan sonra ev sahibiyle yaşadığımız basit bir sorun nedeniyle oturduğumuz semtten ayrılmak zorun-

da kaldık. Kiramız uygundu ve semt iyiydi. Ev almak için bir düşüncemiz olmamıştı. Kaliteli yaşayalım felsefesi hakimdi. Ev arayışımız sonrası başka bir eve taşındık. O sırada evimizi beğenmiştik ama kirası oldukça yüksekti. O sırada annemden kalan tarlanın parası gelince oturduğumuz evi ev sahibinden satın aldık. Daha önceki evde olsaydık o parayla araç alayı hatta yazlık almayı düşünürdük. Evden bir kez çıkarılınca evin ne kadar kıymetli olduğunu daha iyi anladık.

Nedim Ş.

Hayra yoran yorulmaz.

Çalıştığımız firmanın benzeri bir firma aynı şehre şube açmaya karar vermişti. Daha iyi maaş teklif ettiği için iki arkadaşımla ben ön görüşme için kabul edildik. O gün annemin rahatsızlığı nedeniyle evi bırakamadım ve arkadaşlarım görüşmeye gittiler. İkisi de o firmaya geçiş yaptılar. Daha iyi maaş ve yetki verildi. Bu duruma çok üzüldüm çünkü onlardan daha eski bir çalışandım ve daha donanımlı idim.

Bir yılın sonunda ben çalıştığım firmada terfi alırken o firma bulunduğumuz şehirde yeterince tutunamadığı için ofisi kapatmak zorunda kaldı. Arkadaşlarım ise işsiz kaldı. Onlar için kötü oldu. Bende aynı duruma düşebilirdim ama benim için kazanımlı bir süreç olduğunu daha iyi anlamış oldum.

Türkan H.

Her şeye canını sıkma ey gönül,
Ne bu dertler kalıcı, Ne de bu ömür!

Yaşadığım bazı ciddi sorunlar yüzünden uzun süre bunalımlı bir hayatım oldu. Akabinde tanıştım bazı kişilerin verdiği kitaplar ve sohbetler sonrası kendimi tasavvuf ve spritüel konularda buldum. Bu alanlarda kitap ve eserler okudum ve çoğunu da uyguladım.

İşimi bir şekilde yaparken her olaya anlam yüklemeye çalışmıyorum. Her şeye canımı sıkmıyorum. Yaşadığım anın kıymetini bilmeye çalışıyorum. Olur olmaz muhabbetler yerine güzel konularda muhabbet yaparak ruhumu dingin tutuyorum. Herşeyde bir müzice aramadığım gibi her olumsuz olayda da bana uzun vadede kazanç çıkacak diye beklemiyorum. Evrensel sistem içerisinde her şeyin bir nedeni olduğunu ve olağan üstü bir sistemle çalıştığını ve hiçbir şeyin bizim kendi dünyamızda olduğu gibi olmadığını daha iyi fark ettim.

Küçük insanların küçük dünyasında yaşamak yerine sorunların daha az olduğu kendi dünyamı inşa ediyorum. Popüler diziler yerine bilinçli proğramlar izliyorum. Her şeyi akışına bıraktım.

Osman Y.

MEŞHURLARIN HAYATLARINI DEĞİŞTİREN OLAYLAR

Türk sinemasının en büyük karakter sanatçılarından biri olan **Cüneyt Arkın'ın** esasında tıp eğitimi almasına rağmen O'nu sinema oyuncusu yapan süreçte bir hayli ilginçtir.

Üniversite eğitiminden sonra askerlik için bulunduğu Eskişehir'de tabip asteğmen olarak görev yapmaktadır. 1963 yazında savaş pilotlarının hayat hikayelerini anlatmak için orada bulunan yönetmen Halit Refik'le tanıştı. Halit Refik daha önceden de edebi yazıları bulunan hatta bir derginin açtığı yarışmada birincilik alan Cüneyt Arkın'a çekeceği filmde rol vermek istedi. Cüneyt Arkın buna istekli olsa da yönetmelikler gereği rol alamadı. Bu süreç onun sinemaya ilk adım atma süreci olmuştur. Askerlik bittikten sonra Cüneyt Arkın'ı unutmayan Halit Refik 'Gurbet Kuşları' adlı filmde ilk rolünü verir.

Cüneyt Arkın her ne kadar tıp üzerine eğitim alsa da ve doktorluk mesleğini icra etmek istese de askerlik görevini yaptığı kışlada çekimlerin olması ve dönemin en iyi yönetmenlerinden biriyle tanışması O'nun için ve Türk sineması için bir dönemeç olacaktı. Her ne kadar tiyatro ve sinema üzerine eğitim almasa da kader ondan yana tüm kapıları açacaktı.

Kurtlar Vadisi dizisi ile meşhur olan **Necati Şaşmaz (Polat Alemdar)**ın hayatında ciddi bir dönüm noktası olan olay 11 Eylül saldırısıdır. Asıl mesleği turizmcilik olan Necati Şaşmaz uzun süre Amerika'da turizm üzerine çalışmıştır. Bir süreliğine izine geldiği ülkesinde dinlendikten sonra tekrar Amerika'ya dönmek için bilet alır. Bileti aldığı günün tarihi 11 Eylül 2001'dir. O gün yaşanan olaylar neticesinde Amerika'ya giden tüm uçaklar geri döner. Necati Şaşmaz'ın uçağı da hareket etmez. Bir süre ailesinin yanında kalmaya devam eder her şey yoluna girene kadar. O süre zarfında ailesinin ısrarı üzerine Türkiye'de kalmaya karar verir. Ankara'da bir turizm acentesi açar ve çalışmaya başlar. Bir ay geçmeden yapımcı Osman Sınav kendisi ile görüşmek ister. Sıradan bir iş olayı gibi görüşmeye gider. Görüşmede çekmeyi düşündükleri dizide başrol teklif eder.

Kısacası binlerce kişinin ölümüne ve tüm dünyada ciddi sonuçlara neden olan 11 Eylül saldırısı Necati Şaşmaz'ın ünlü bir oyuncu olmasına neden olur. Gidiş biletini 11 değil de 10 Eylülde almış olsaydı Amerika'ya gitmiş olacağından ünlü olma gibi bir şansı olmayacaktı. Milyonlarca kişi için şer olan bu olay Necati Şaşmaz'ı Polat Alemdar yapan bir süreci tetikleyecektir.

Türk sinemasının sultanı **Türkan Şoray**'ın hayatında dönüm noktası olan ve O'nu tıpkı Cüneyt Arkın gibi sinema hayatına dahil olması çok daha ilginç bir olayla olacaktır.

Çocukluk döneminde annesiyle babasının ayrılması sonucu sıkıntılı bir süreç geçiren Türkan Şoray diğer kız kardeşi ile annesinin yanında kalır. Yeni bir eve taşınırlar. Yeni ev sahiplerinin kızı o dönem filmlerde rol alan Emel Yıldız'dır. Onunla iyi arkadaşlıkları olur. Bir gün Emel Yıldız yeni çekilecek ve başrolünde oynayacağı filmin çalışmalarına giderken yanında Türkan'ı da götürür. Film setinde çekim çalışması yapılırken Türkan Şoray kenarda çalışmaları izlemektedir.

O sırada yapımcı Türkan İnanoğlu kendisini fark eder. Onunla birkaç deneme yaptıktan sonra ev arkadaşının kızının başrol oynayacağı 'Köyde bir kız sevdim' filminde Türkan Şoray başrol verilir. O gün oraya gitmesi ve hatta sete götüren kişi o filmde başrol oynayacak kişi olmasına rağmen kader Türkan Şoray'dan yana esmeye başlar ve Türkan Şoray sinema sahnesine adım atar.

Anne babasının boşanma süreci ve annesinin ayrı bir eve taşınması sıkıntılı bir süreci beraberinde getirse de o sürecin sonunda Türk sineması unutulmayacak bir sanatçıya sahip olur. Anne babası boşanmasa ya da babasının yanında kalmış olsa idi o film setine gitme şansı olmayacaktı ve Türker İnanoğlu ile tanışma fırsatı da... Yaşanılan olumsuz olaylar Türkan Şoray'ın hayatını değiştirecekti.

Türk sinemasının efsane karakterlerinden **Erol Taş** da aslında tiyatro ve sinemayla ilgisi bulunmayan askerden sonra bir iplik fabrikasında işçi olarak çalışan bir gençti. Çalıştıkları fabrikanın yakınında ki bir yerde dönemin yönetmeni Lütfi Akad film çekimi yapar. Uzun bir süre devam eden film setini izlemeye bölgedeki birçok kişi gibi ara sıra işten kaçarak arkadaşlarıyla seyretmeye gelen Erol Taş' ta vardır. Ara ara film çalışmalarını eğlence olsun diye izleyen Erol Taş ve arkadaşları bir gün film çalışanlarını rahatsız eden mahalle serserilerine güzel bir dayak çekerler. Erol Taş'ın daha önce boksörlük yapmış olması serserileri döverken yönetmen Lütfi Akad'ın dikkatini çeker. Daha sonraki bir kavga sahnesinde Erol Taş'a figüranlık teklifi yapan Lütfi Akad, mahalle abiliği yapan Erol Taş'a sinema hayatının kapılarını açar. Bu olaydan sonra Erol Taş'ın hayatı değişir. Bir fabrika işçiliğinden önce figüran ve yan roller derken başrole yükselen Erol Taş, Türk sinemasının unutulmaz karakterleri arasında yerini alır.

Mahalle serserilerinin yaptığı sataşmalara sessiz kalıp seyretselerdi Erol Taş bir işçi olarak hayatına devam edecekti...

Ayşen Gruda, 16 yıllık tiyatro oyuncusu olmasına rağmen bir gece televizyon proğramında oynadığı basit bir rol onun hayatını değiştirmeye yetmişti. Her ne kadar çocukluğunda hukuk okumak isteyen Ayşen Gruda ailesinin de teşvikiyle tiyatro eğitimi alır ve tiyatro sanatçısı olarak 16 yıl farklı oyunlarda rol alır.

1977 yılında televizyonda yayınlanan bir eğlence proğramına Nahide Şerbet adlı rolünde 'domates güzeli' lakabı kullanılması bir gecede ülke çapında Ayşen Gruda'yı meşhur eder. O döneme kadar tiyatroda ve bazı filmlerde figüran olarak oynamasına rağmen domates güzeli tiplemesi onu unutulmazlar arasına sokar.

Daha sonraki yıllarda Adile Naşit'in de desteğiyle birçok filmde başrol oynar. Türk sinemasında Kemal Sunal'ın bayan versiyonu olarak rol alır. 1978 yılında çekilen Hababam Sınıfı tatilde filminde kendini ispat ederek Türk sinemasının unutulmazları arasında yerini alır.

Kemal Sunal, Vefa Lisesi'nde okulun tiyatro oyunlarında rol alıyordu. Aklında kariyerini oyunculuk üzerine kurmaya yönelik bir niyet yoktu. Hatta geçim derdi nedeniyle öğrenciyken Emayetaş Fabrikası'nda çalışıyordu. Yeteneğinin farkına varan felsefe öğretmeni, Sunal'ı Müşfik Kenter ile tanıştırınca hiç düşünmediği oyunculuk mesleğiyle tanıştı. Türk sinemasında "İnek Şaban" karakterini yarattı. Müşfik Kenter, Kemal Sunal'daki yeteneği keşfedince Kenterler Tiyatrosu'nun oyuncu kadrosuna dahil etti. Sahnede çok fazla yer almamasına rağmen seyirciye kahkahalar attırdı. Daha sonra transfer olduğu Devekuşu Kabare, "İnek Şaban"ın ortaya çıkışı oldu.

Lisede felsefe öğretmenin kendini keşfetmesi ve doğru kişiyle tanıştırması Türk halkına en sıkıntılı günlerinde tebessüm ettirmeyi başarabilen bir sanatçı olarak hayatımıza dahil etti.

Figüran olarak rol aldığı ilk filmi Tatlı Dillim'de Tarık Akan ve Filiz Akın'la aynı sahneyi paylaşmıştır. O filmde çalışma için otobüsle köye giderlerken yönetmen Ertem Eğilmez herkese rollerini dağıtır. Bu sırada Kemal Suna, Ertem abi ben ne diyeceğim diye sorunca Ertem Eğilmez Kemal Sunal'a sadece "Sen gül yeter" der.

Barış Manço'nun kırk gün süren ilk evliliği ünlü bir fotomodelle olmasına rağmen çok kısa sürmüştür. 23 yıl süren evliliği ise bir gün ablasını ziyarete gelen Lale Manço'nun evlerinde telefonun arızalı olması sebebiyle üst kata telefon etmek için çıkar. Kapıyı Barış Manço açar ve telefon etmek istediğini söyler. Barış Manço 'Benimle evlenirsen olur' der. Bunun üzerine Lale Manço 'Niye olmasın' der ve tanışmaları bu olay üzerine olur.

Bir ziyaret ve bir telefon ihtiyacından doğan tanışıklık 23 yıl süren bir evliliğe kapıyı açacaktır.

Mü'minin işi tuhaftır, her işi hayırdır. Bu, yalnız mü'mine özgüdür. Sevindirici bir işle karşılaşsa şükreder, o iş kendisi hakkında hayırlı olur. Üzücü bir işle karşılaşsa sabreder, kendisi için hayırlı olur."

(Müslim)

İKİNCİ BÖLÜM

OLUMLU DÜŞÜNCENİN YAŞAMIMIZA ETKİSİ

OLUMLU DÜŞÜNMENİN ETKİSİ

Dünyaca ünlü eğitimci Norman Vincent Peale'nin kaleme aldığı Olumlu Düşünmenin Gücü adlı eser Dünya çapında milyonlarca satarak büyük bir başarıya imza attı. Bu kitabın bu kadar çok atılması ve farklı ülkelerde de basılmasının en büyük nedeni neydi?

Gerçekten olumlu düşünme şekli hayatımıza bu kadar etki ediyor mu?

Olumlu düşündüğümüz zaman hayatımızda ciddi değişikliklere yol açıyor mu?

Yoksa sadece gönül ferahlığına mı yarıyor?

İnsan beyninden günde 50.000 den fazla düşünce geçmektedir. Bunların neredeyse %90'ı olumsuz düşünceler ve bunların tekrarından oluşmaktadır. Bizler neden bu kadar olumsuz düşünce üretiyoruz? Bunun bir nedeni var mı?

Yaşamımızı oluşturan etkenlerin bizi dolaylı olarak olumsuz durumlara yönlendirmesi bunun bir nedeni olabilir. Sabah kalktığımızda gitmemiş gereken işler ve yapmamız gereken işler bizi beklemektedir. Gün boyunca yaptığımız koşuşturmalar bizi sürekli bir endişe haline bırakmaktadır.

Ya yetişmezse, ya olmazsa, ya geç kalırsam, ya kabul edilmezse gibi sürekli korku ve endişelere dayalı bir hayat çizelgesinde yer almaktayız.

Peki, günlük hayatımızda düşüncelerimizin çoğunluğu olumsuz yönden olumlu yöne değiştirirsek ne kazanırız?

Kazanacağımız ilk önce kendi ruh sağlımız olacaktır?

Sürekli olumsuz bir ruh hali bizi kararan bir kalbe ve kuşkucu bir zihniyete sürükleyecektir. Bir süre düşüncelerimiz neticesinde karakter yapımız da olumsuzluklarla dolu bir yapıya bürünecektir.

Her işte olumlu bir düşünce yapısına sahip olabilir miyiz?

Hayatın bazı gerçeklerini göz ardı etmek anlamsız olur. En başta ölüm gibi genel durumlarda bunun yaşamın bir parçası olduğunu ve bir vakit herkesin başına geleceğini bilmek bunu kabullenmek bizlerin daha sağlıklı bir ruh haline sahip olmasını kolaylaştıracaktır. Her ölüm erken ölüm derler. Bazı ölümler insanda ciddi etkiler bırakabilmektedir. Bir çocuğun annesinin erken ölmesi onun için ciddi bir kalıntı bırakacaktır. Sevdiğimi bir insanı kaybetmek biz de derin yaralar açacaktır.

Kayıp ve kazançların da hayatın bir parçası olduğunu bilmek en kötü durumda bile bize destek olacaktır.

Olmamış şeyler için sürekli olarak endişe etmek ve olumsuz olacağı konusunda şüphe duymak bizi bir süre sonra o olay gerçekleşmiş gibi düşünmeye iter ve ruh halimizdeki değişiklik bir süre sonra bizi o durumun içinde bulmamıza yol açar.

Beyin yapımız ve düşüncelerimizin yaratıcı gücü bir süre sonra başımıza gelecek olayların doğasında ciddi etkiye yol açmaktadır.

Beyin gücü ve zihin yapısı ile yapılan çalışmalar ne denli bir güce sahip olduğumuzun şimdilik sadece küçük bir göstergesidir.

Yakın bir zamanda sinemalarda yer alan 'lucy'adlı yapım beyin gücü ile ilgili çekilmiş nadir filmlerden biridir. Bu filmin devamı gelecek. Filmde anlatılmak istenen beynin tamamı kullanıldığında ne gibi bir gücü olduğudur.

Duygularımızın da düşüncelerimizin bir uzantısı olduğu gerçeği göz önüne alınırsa aslında canımızı sıkan olaylarda bile düşüncelerimizin neden olduğunu anlamamak olmaz. Birçok zaman aldığımız bir haber ya da beğenmediğimiz bir sonuçtan dolayı üzülür gereksiz yere canımızı sıkarız.

Esasında canımızı sıkan dış olaylar olmamalıdır. Kendi iç dünyamızda yaşanan düşünce patlamaları bizim gerçek hayatta yaşadığımız olaylara verdiğimiz tepkileri oluşturmaktadır.

Çünkü her insan yaşadığı benzer olaylara aynı tepkiyi vermemektedir. Her olay aynı derecede anlam ifade etmemektedir.

Düşünce kalıplarımız bize olaylar karşısında nasıl düşüneceğimizi belirler. Bu da bizim çocukluk ve gençlik dönemindeki eğitim ve toplum etkisi ile şekillenen zihnimizde oluşmaktadır. Daha sonraki süreçte de üzerine eklentiler yapılmaktadır.

Kişinin dini inancı, milleti, cinsiyeti ve kültürel değerlerini kapsayacak şekilde bir kalıp oluşur. Bu kalıbın dışına çıkması oldukça zordur. Bunun için ciddi bir çalışma gerekir.

Olumsuz düşüncelerden olumlu düşüncelere ağır vererek gün içerisindeki düşüncelerimizi daha nitelikli hale getirebiliriz.

Bunun için neler yapabiliriz?

Bunun için öncelikli olarak ayrık otlarından kurtulmamız gerekir. Ayrık otları tarlada sebzelerin büyümesini engelleyen ve çok çabuk yayılan zararlı bir bitki türüdür.

Beyninizi bir tarla gibi düşünün.

Bu tarlayı öncelikle verimli hale getirmek için sürmek gerekir. Bu şekilde ekeceğiniz sebzelerin büyümesi için uygun bir ortam yaratmanız gerekecek. Ardından uygun şekilde sebzelerinizi ekmeniz ve dikmeniz gerekecek. Daha sonra sulama ve gübreleme gibi eylemler gerekecek.

Bütün bunları yaptığınızda yeterli oluyor mu? Elbette hayır. Sürekli olarak tarlada sizin ektiklerinizin yanında büyüyen zararlı otlar olacaktır. Onlar sizin sebzelerinizin yeteri derecede büyümesini engelleyecektir. Aynı sudan ve gübreden yararlanacaklar ama size zarar vereceklerdi.

Sizin yapmanız gereken gün aşırı tarlayı kontrol edip zararlı otları çapalamak ve onları yok etmek. Bu şekilde size faydası olacak bitkilerin gelişip büyümesine destek olabilirsiniz. Bunu yapmazsanız hem sebzeleriniz olacaktır hem de ayrık otlarınız.

Sebzeleriniz cansız ve küçük olacağı gibi daha çok su ve gübre harcamanız gerekecektir.

Basit bir bahçe örneğiyle izah etmeye çalıştığımız beyin yapımızı bir de gerçek hayatta görmeye çalışalım.

Gerçek hayatta sürekli olarak olumlu düşünmeye çalışsak da adaletsizliklerden, verilen sözlerin tutulmamasından gibi birçok nedenden dolayı benzer bir tepki içine girmeye çalışırız.

Bu da bizim olumsuz bir ruh halinde kalmamıza yol açar.

Bir beklenti içerisinde girdiğimizde olumlu bir sonuçla sonlanacağını düşünüp ardından beklediğimiz sonuç istediğimiz gibi olmadığında ise bunun bizim için hayırlısı olduğunu kabullenmek en doğru seçim olacaktır.

Bu felsefeye sahip olabilmek için öncelikle olaylar ve durumlar karşısında olumlu bir düşünce gücü ile olumlu bir ruh haline sahip olmayı başarabilmek gerekir.

Düşünce yapımızı ayrık otlarından temizleyip tamamen bize faydası olacak düşüncelere yer vermemiz onların olgunlaşmasını sağlamamız gerekir.

- Gün içerisinde aklımıza gelen olumsuz düşünceler yerine hemen ikame bir olumlu düşünce bulmalıyız. Bu şekilde kendimize vereceğimiz gereksiz zararın önüne geçebiliriz. Örnek olarak bir otobüs durağında beklerken otobüsün geç geldiğini ya da otobüsü kaçırdığınızı ve bu sırada kendinizi suçladığınızı farz edelim. O an için geç çıkmanız ya da tarifeye bakmadığınız için gereksiz yere durakta beklemek zorunda olabilirsiniz. Bunun için kendinizi suçlayacak cümleler kurmak yerine ‘ bundan sonra daha dikkatli davranırım. Daha ciddi durumlarda geç kalmamak için bu bana bir ders oldu’ şeklinde bir yaklaşım o an için verdiğiniz tepkiyi yumuşatacak ve bunda da vardır bir hayır bakış açısına geçmenizi sağlayacaktır.

- Ev kirasının gelmesine 5 gün var ve siz eksik olan miktarı düşünüyorsunuz. Nasıl yapsam da denkleştirsem diye. Sürekli olarak eksik olana ve gidere odaklanmak sizi daha fazla üzecek ve daha olumsuz bir ruh haline bürüyecektir. Bunun yerine kirayı düşünmektense gelir elde edici fikirlere yer vermeniz sizi daha ümitli bir hale sokacaktır.

- Sürekli ağrıyan bir bölgenizi düşünüp ne kadar hasta olduğunuz üzerinde yoğunlaşmanız size bir şey kazandırmayacaktır. Bunun yerine hastalıktan uzaklaştığınıza dair bir düşünce kalıbı koymanız ve her gün gittikçe iyileşiyorum demeniz sizi daha olumlu bir zihin yapısına sokacaktır. Olumlu düşünmenin hastalıklar üzerindeki etkisi de düşünülürse hastalığınızın iyileşmesi hızlanacaktır.

- Yakın bir tarihte olmasını beklediğiniz bir gelişme için sürekli ya olmazsa şeklinde hayal kurmak yerine olduğu takdirde yapacağınız şeyler üzerine hayal kurmanız daha sağlıklı olacaktır.

- Arkadaşınızla yaşadığınız bir tartışma üzerine 'bana bunu demek istedi' şeklinde yoruma dayalı bir düşünce yapısı yerine size söylemediği ve net olarak ifade etmediği düşünceleri zihninizde tutmak yerine gerçekte söylediği şeyler üzerine düşünmeniz gereksiz yere vehim yapmanızın önüne geçecektir. Gereksiz yere farklı yorumlar çıkararak arkadaşlık ilişkinizi bozmanızın bir gereği yok.

- Gün içerisinde arkadaşlarınızla siyaset ve ülke meseleleri hakkında olumsuz şeyler konuşma yerine iyi şeylerden konuşmak beyninizi daha huzurlu bir zihin yapısına çevirecektir.

Yukarıda birçok örnekte size yol göstermeye çalıştık. Siz de farklı uygulamalarla zihin yapınızı daha olumlu bir hale getirmek için çalışabilirsiniz. Seçim sizin. Sizin hayatınız ve sizin sonuçlarınız olacak.

Bir şeyden dolayı gerçekten mutsuzsanız, bunu değiştirmeye çalışın. Bunun için yapabileceğiniz hiçbir şey yoksa koşullarınızı kabul etmeyi öğrenin.

Bunlara ilave olarak olumlu bir zihin yapısına sahip olmak için bazı basit tavsiyeler:

- Beyninizde hep kötü olayları hatırlatan bir ses varsa onu susturmayı öğrenin.
- Her zaman için insanların ve içinde bulunduğunuz durumun en iyi yönlerini görün.
- Olumsuz insanlardan veya moralinizi bozan, sizi eleştiren kişilerden uzak durmaya çalışın. Kendinizi iyi hissettiren insanlarla birlikte olun. Kendinize saygı duymanıza yardımcı olan insanları çevre edinin.
- Asla kendi hayatınızı başkalarının hayatıyla karşılaştırmayın. Olumlu düşünebilmek, sahip olduklarınızla mutlu olmak demektir ve daha fazlasını istememektir.
- Hayatınızdaki kötü olaylardan çok, iyi olayları dikkate alın. Nelere sahip olduğunuza bakın, sahip olmadığınıza değil.
- Her zaman için seçeneğiniz olduğunu unutmayın. Bir duruma kızmayı ya da bu durumu olumlu yönden görmeyi seçebilirsiniz.
- Zihninizi devamlı hayatınızda iyi olan şeylerle yoğunlaştırın.
- Durmadan gelecek hakkında endişelenmeyin.

Gül düşünürsen güllük,
diken düşünürsen dikenlik olursun!

Mevlana

OLUMLU DÜŞÜNCE YAPISI

Büyük başarı elde etmiş insanların çoğu zihinlerini tamamen olumlu düşüncelerle doldurmuşlardır. Beyinlerindeki zararlı otları sürekli temizleyerek onların yerine faydalı düşüncelerin yeşermesine izin vermişlerdir.

Olumlu zihin yapısı yıkıcı değil yapıcı bir zihin yapısı olmayı gerektirir. Olaylar hakkında ve sonuçlar hakkında yapıcı bir zihin yapısı hem kendinizi hem de çevrenizin bakış açısına daha ılımlı tutar. Diğer türlü insan bitmek bilmeyen nefret ve öfke ile yaşar durur.

Dışarıdaki dünyanın değişmesini beklemek yerine kendi iç dünyanızı değiştirmeye çalışmak gerçekte daha zor gibi gözükse de çok daha faydalı olandır. Dış dünyamızı değiştirmek sadece iç dünyamızı değiştirmekle mümkün olacaktır.

Olumlu bir düşünce yapısına sahip olmak için gerekli kalıplar:

1-Amaçlar:

Gerçek bir amacımız olursa bizi olumsuz etkileyen şeylerde o denli azalır. Rotasını olmayan bir gemi denizde sürekli savrulur durur. Çünkü gideceği yeri bilmez ve denizde kalmaya çalışır. Hareketsiz kalmak onu daha çok engellere karşı sürükler. Sürekli olarak engellerle mücadele etmek zorunda kalır. En iyi saldırının savunma olmadığını bilmek gerekir.

İdeallerimize yönelik yapacağımız plan ve proğramlar bizi daha iyi motive edecek ve elimizde bir kılavuz olacaktır. Ne yapacağımız ve nasıl yapacağımız konusunda bir rehberimiz olmazsa sürekli olarak beklenti içerisinde gireriz.

Birçok psikolojik rahatsızlıkta da kişileri meşgul edecek herhangi bir şeyin olmaması onların iyileşme süreçlerini daha da geciktirmektedir. Çünkü bir şeye odaklanmış zihin sürekli olarak onun hakkında üretim yapar. Eğer serbest kalırsa bilgisayarınıza saldıran virüsler gibi sürekli olarak olumsuz bir düşüne üretmek durumunda kalır.

En basitinden yıllık tatilinde bile nasıl değerlendireceğini bilmeyen bir kişi tatil boyuna savrulur durur. Eğer bir otele giderse yemek saatlerini takip ederek vaktini bu şekilde geçirir. Sizi neyin mutlu ettiğini bilirseniz o doğrultuda hareket eder ve onu yapmaya çalışırsınız. Bir tatilde deniz kenarında saatlerce uzanmak sizi mutlu etmiyor ama size rafting gibi faaliyetler istiyorsanız demek ki ne istediğinizi bilmiyorsunuz. Bu da hem paranızla rezil olmanız hem de mutsuz bir tatil yapmanız anlamına gelir.

2-Duyguları kontrol altında tutmak:

Dışarıdan gelecek olumsuz olaylara karşı vereceğiniz tepkilerin aşırı olmaması için gerek bedeniniz gerekse zihninizi sürekli kontrol altında tutmanız gerekecektir. Bunun için sürekli olarak kendi üzerinizde çalışma yapmalısınız.

Akşam acıktığınızı ve yemeğin hazır olmasına yarım saat olduğunu düşünün. Acıktığınız için sinirlenmeniz bir şeyi değiştirmeyecektir. Bunun için acıkma hissi üzerinde yoğunlaşmayı bırakıp kendinizi başka bir şeye odaklamanız duygularınız üzerinde kontrol çalışması için gerekli olacaktır.

3-Sabırlı olmak:

Olumlu bir zihin yapısı için en gerekli unsurlardan ve erdemlerden biri sabırlı olmak. Gerçek hayatta sabırlı olmayı herkes tavsiye ederken gerçek anlamda sabırlı olmayı başaran çok az kişi olmaktadır. Sabır yüce bir erdemdir.

Duygularınız ve istekleriniz üzerinde olumlu bir düşünme gücüne kavuşmak için gerçek anlamda sabırlı bir ruh halinizin olması gerekir.

4-Coşkulu olmak:

Norman Vincent Peale, Farkı yaratan coşkudur kitabında coşkunun ne derece önemli bir enerji kaynağı olduğunu anlatır.

Hiçbir iş yapmasanız da coşkulu olmak sizi sürekli olarak enerjik kılar ve düşüncelerinizin daha akıcı ve olumlu olmasını sağlar. Bir yerden bir yere giderken bile çok önemli bir görevmiş gibi yürümek sizin hem bedensel yapınızda hem zihinsel yapınızda ciddi değişikliklere yol açacaktır.

5-İnanç etkeni:

Düşünce yapınıza olan inancınız sizi ciddi oranda değiştirmeye sevk edecektir.

Yapmak istediğiniz birçok şeyde olumlu bir düşünce yapısının getirileri sizi istediğiniz yönde değiştirecektir. Bunun için bazı yasaları bilmeseniz bile sizin de bunlara tabi olduğunuz gerçeğini değiştirmez.

En basitinden benzer benzeri çeker yasası gereği çevrenizde gerek eğitim gerekse ekonomik yönden benzer insanlarla birlikte olduğunuzu fark edeceksiniz. Biraz daha dikkat ederseniz benzeri dünya görüşüne sahip insanlarla birlikte olduğunuz gerçeği ortaya çıkacaktır.

Kendinize olan inancınız sizi daha sağlıklı bir zihin yapısı yönünde değişmenizin önünü açacaktır.

Kolay olan her zaman çoğunluğun yaptığı hata yapmadığı şeylerdir.

Ünlü düşünür ve Ceo Jim Rohn'un

"Her gün bir elma yemek insan için faydalıdır ama her gün bir elma yememek daha kolaydır."

Sözü doğrultusunda olumlu bir zihin yapısına kavuşmak için düzenli bir şekilde uygulamalara hız vermek ve kendinize olan güveninizi bırakmamak gerekir.

Kişi kendini bir amaca adadığında,
Evren onunla iş birliği yapar. Başka türlü asla oluşmayacak güçler ortaya çıkarak kişiye yardım eder.
Kişinin verdiği karar sonucunda kendini destekleyen bir olaylar zinciri gerçekleşir;
Aklının ucundan bile geçmeyecek her türlü beklenmedik olay ve yardımla karşılaşır.

Goethe

OLUMLU DÜŞÜNMENİN DİNİMİZDEKİ YERİ

İyi düşündüğümüz zaman iyi, kötü düşündüğümüz zaman başımıza kötü olaylar gelecek diye bir kaide yoktur. Gelecekte olabilecek ve başımıza gelmesi muhtemel olaylar hakkında iyi bir düşünce sistemine sahip olmak ve o yönde beklenti içerisinde bulunmak en doğru seçim olacaktır.

Hayatımızda karşımıza gelip gelmeyeceği belli olmayan bir olay için olumsuz bir düşünce yapısına sahip olmak ve bu konu hakkında sürekli olarak olumsuz düşünceler üretmek bizi endişeye sevk eder ve olumsuz bir ruh haline sokar. Bu da bir süre sonra karakter anlamına her şeyden şüphe duyan bir kişi haline dönüştürür bizi.

Başımıza gelecek bir olay hakkında olumlu düşünmek bize zarar vermez tam aksine daha huzurlu olmamızı sağlar. Çocuğu sınava hazırlanan bir aile çocuğunun sınavı kaybedeceğini düşünmesi sınav zamanına kadar onların sürekli olarak huzursuz bir şekilde yaşamasına neden olacaktır. Bunun yerine olumlu bir düşüne yapısına sahip olsalar ve sınavı kazanacağını düşünseler daha huzurlu bir yapıya sahip olacaklardır.

İslam dini sıkıntılı bir durum karşısında olumlu bir bakış açısına tavsiye etmiş ve olumsuz ruh halinden bizim uzak kalmamızı salık vermiştir. Yaşanan olaylar hakkında gereksiz yere abartılı bir şekilde sevinmeyi de üzülmeyi de yersiz bulmuştur. He olayın bir hayır bir de şer yanı olduğunu söylemiştir.

Bizim çok sevindiğimiz bir olayın bizim için şer de olabileceğini tam aksine şer gözüken bir olayın da hayır olabileceğini ifade etmiştir.

"Ben kulumun zannı üzereyim" Hadisinde olduğu gibi Allah, kulunun zannı yani düşüncesi üzerine olduğunu söylemiştir. Dolayısıyla hüsnü zan besleyen bir kişi ile sui zan besleyen bir kişi bir olmayacaktır.

Bazı alimler *"Kul dua ettiği zaman, Allah'ın duasını kabul edeceğine inanır. Samimi olarak tövbe ettiğinde Allah'ın tövbesini kabul edip affedeceğine inanır. Samimi bir şekilde yaptığı ibadetlerinin Allah tarafından kabul edileceğine inanır. Bu müspet düşünceler, Allah'a karşı hüsnüzan olduğu gibi, aksini düşünmek de Allah'a karşı su-i zandır, ümitsizlik anlamına gelir ki, çok büyük bir günahtır."* Şeklinde yorumlarda bulunmuşlardır.

İyi düşüne insanın iç dünyasının da olumlu bir ruh hali ile kaplı olduğunu gösterir. Karamsar bir düşünce yapısına sahip olan bir insan ise her şeyde olumsuz bir ruh haline ve söylemlere bürünür.

Hayır ve şerrin Allahtan odluğunu bilmek yaşadığımız veya yaşayacağımız birçok olumsuz gözüken olayın bizim için gerçekte bir hayır anlamına geldiğini gösterir. Bu düşünce yapısıyla hayatımız daha huzurlu geçecektir.

Her olayda olumsuz bir yan görmek ve olumsuz bir sonuç çıkarmak insan hayatını cehenneme çevirir ki bu dünyada cehennemi yaşayan öbür dünyada da cehennemi yaşayacaktır anlamına gelir.

Eski bir klasik eser olan **Tuti Name'de** iç güzelliğinin dışa vurulması ile ilgili çok güzel bir hikaye vardır.

"Vaktiyle bir köylü tarlasını sürerken çok değerli bir cevahir bulur. Bu mücevheri kendi memleketindeki kuyumculara gösterir ama hiçbiri değer biçemez. Dostları köylüye bu mücevheri buralarda satması ya da diline dolaştırmasının tehlikeli olacağı için o devrin hakimi Bağdat hakimine hediye etmesini tavsiye ederler. Çok değerli olduğu için değerini kimsenin veremeyeceğini ama canının da riske girmemesini tavsiye ederler. Bunun üzerine yola koyulur.

Birkaç gün gittikten sonra üç seyyaha denk gelir. Onlarla arkadaş olur ve birkaç gün gittikten sonra seyyahlar köylüdeki mücevheri görürler. Bunu almak için fırsat kollarlar. Bir süre sonra uzun bir yolculuk sonrası köylünün derin bir uykuya daldığını gördüklerinde koynundaki mücevheri çalarlar. Lakin kaçmazlar ve bir şey yokmuş gibi davranırlar.

Köylü uyanır ve mücevheri göremeyince şaşırır ama bozuntuya vermez. Hakkını arasa ispat edemez ve üç kişi oldukları için hayatı tehlikeye girebilir.

Mücevherin çalındığını bilmiyormuş gibi seyyahlarla arkadaşlığa devam eder.

Bağdat iline vardıklarında durumu hakime bildirir. Hakim köylünün şikayeti üzerine seyyahları tutuklar. Yapılan soruşturma sonrası hepsi durumu inkar ederler. Hakim bir taraftan da köylünün boş sözleri ile bu adamları tutuklu bıraksak günah işlemiş oluruz ama önem vermezsek te rencide etmiş oluruz diye düşünmeye başlar. Bu düşünceli halini gören kızı Mihrişah Banu babasına durumu sorunca babası olan biteni anlatır.

Bunun üzerine davayı kendisine vermesini ve davayı sonuçlandıracağını söyler. Babası da kabul eder. Mihrişah Hatun seyyahların getirilmesini ister.

Seyyahlar gelince kendilerine iltifat ettikten sonra babasının neredeyse köylünün sözüne inanıp sizleri cezalandıracağını ama sizlerin namuslu kişiler olduğunuz yaptığım soruşturmada ortaya çıktı der.Sizi buraya çağırmamın nedeni sizin gezip dolaştığınız yerler hakkında bilgi edinmek istediğini söyler. Şahit olduğunuz olayları anlatmasını isterler.

Bir süre seyyahların sohbetlerini dinler. Daha sonra yine bir sohbet meclisinde seyyahlara iltifat ederek bir problem hakkında yardımcı olmalarını ister. Seyyahlarda tabi derler.

Mihrişah Hatunda onlara bir hikaye anlatır.

Vaktiyle Şam şehrinde zengin bir bezirgan yaşarmış. Bu bezirganın Dilfuruz adında güzel bir kızı bulunuyormuş. Gülyüzlü kızı herkes tarafından beğenilirmiş. Bir gün kız bahçede otururken yüksekçe yerde bir gül görür ve onu ister ama cariyeler dikenlerden dolayı o güle erişemezler.

Daha sonra Gülfuruz, içinizden kim o gülü koparıp gelirse her arzusunu yerine getiririm der. Bunun üzerine dikenlerin acısına aldırmayan bahçıvan gülü koparır ve Dilfuruz'a verir.

Dilfuruz, bahçıvana"Benden ne istersen vereceğim" der. Bahçıvanda "Ey sultanım, muradım budur ki gelin olduğun gece, kocanla yatmadan öne bu bahçeye gelip benimle görüşesin" der. Bu anlaşmayı Dilfuruz kabul eder.

Aradan bir süre geçtikten sonra Bezirgan kızını evlendirmeye karar verir. Sonuna o bölgede zengin ve yakışıklı bir genç bulup kızıyla evlendirir. Düğün gecesi Dilfuruz, kocasına zamanında verdiği sözü hatırlatır. Kocası madem söz vermişsin git onu yerine getir ancak kendini teslim etmeyip çabuk gel der. Bunun üzerine bahçeye doğru giden ve üzerine ziynet eşyası bulunan Dilfuruz yolunu şaşırır. Başka bir tarafa doğru giden Dilfuruz'un karşısına bir kurt çıkar. Kurt kıza saldırınca hayatından ümidini kesti ve kurda yalvarmaya başladı.

-Ey kurt, buraya zamanında verdiğim sözü tutmak için geldim. İzin ver sözümü tutayım sonra beni istediğin gibi ye.

Bunun üzerine kurt kıza ilişmedi ve uzaklaştı. Dilfuruz biraz ilerleyince karşısında bir harami çıkar. Harami kızı soymak ister. Dilfuruz buraya zamanında verdiği sözü tutmak için geldiğini ve daha sonra bütün altınlarını alabileceğini anlatır. Bunun için kocasının ve kurdun izin verdiğini de söyler. İnsafa gelen Harami kızı bırakır ve Dilfuruz bahçıvanın yanına gider ve başından geçenleri anlatır.

-İşte ben sözümde durmak için geldim.

Bunu duyan bahçıvan:

-Ey iffet ve namus timsali güzel! Sözüne bağlılığından dolayı sana binlerce aferin. Bu kadar vefa insanoğlunda az bulunur. En sözünü yerine getirmek için bu kadar zahmete katlandığından her türlü takdire layıksın. Benim amacım seni denemekti. Yoksa sana karşı kötü bir niyetim yoktur. Ben bahçıvanım. Bahçıvan demek koruyucu demek. Emanete hıyanet etmek olmaz. Ben başkasından bir gül koparırsam başkaları da benim bahçemden bir gül

koparır. Haydi evine git helaline kavuş.

Dilfuruz evine döner ve kocasına kavuşur.

Bu hikayeyi anlatan Mihrişah Banu, seyyahlara döner ve sorar:

-Şimdi içimde çözemediğim müşkül bir durum şudur. Bu dört şahıstan hangisi mürüvvet sahibi ve insanlık bakımından daha üstündür?

Banu'nun sorusuna seyyahlardan biri cevap verir:

-Anlıyorum ki o kurdun dişleri dökülmüş gücü kuvveti azalmış. Ahmakça hareket etmemiş olsaydı eline geçen böyle bir fırsatı kaçırmazdı. Böyle bir avı kaçırmak ahmaklığın ta kendisi olduğu gibi aynı zamanda pişmanlık vesilesidir. Buna mürüvvet demezler ahmaklık derler.

Diğer seyyah söze karışır:

-Hele haraminin ahmaklığına diyecek yok. Gece vakti üzeri ziynetlerle dolu bir avı ele geçirmişken onu soymamak bir delilik belirtisidir.

Diğer seyyah da söze karışır:

-Bence en büyük ahmaklık bahçıvanındır. Öyle dünya güzeli bir kız ayağına gelmişken alicenaplık göstermek vuslatın nimetine ermemek delilikten başka bir şey değildir.

Ayrıca kocasının da gayretsiz ve ahmak bir kişi olduğunu söyleyince Mihrişah Banu, bunların sözlerini dinleyip içlerinin ne kadar karanlık olduğunu görünce babasına köylünün mücevherini bunların çaldığını söyler.

Bunun üzerine seyyahlar sıkıştırılır ve hepsi de suçu itiraf ederler. Irak hakimi köylüye ihsanda bulunurken seyyahları da idam ettirir.

Belaya uğrayan müminin misali, tencerede kaynayan nohuta benzer. Nohut, yanmaktan ıstırap duyar da kaçmak için kapağı zorlar. Hanım, çıkmasın diye kepçe ile bastırır.

Nohut, yanmanın yok oluş değil nimete dönüşme olduğunu bilse kaçar mıydı? Allah pişesin, olgun olasın diye seni belalarla kaynatır.

Mevlana

OLUMLU DÜŞÜCE ÜZERİNE YAPILAN ARAŞTIRMALAR

Düşünce yapımızın gerek bedenimiz üzerine gerekse diğer canlılar üzerine etkileri konusunda bilim dünyası her geçen gün çalışmalarını artırmaktadır. Bugünc kadar özellikle sağlık alanında düşüne odaklama gibi tekniklerle şifa çalışmaları yüzyıllardır devam etmektedir. Bio enerji, reiki gibi bilinen yöntemler haricinde farklı isimlerle düşünce odaklaması yapılarak farklı hastalıkların tedavisinde kullanılmaktadır.

Düşüne gücüyle nesneleri oynatma gibi zamanına yapılan birçok deneyde de bunu yapabilen insanlar gözlemlenmiştir.

Bunların en bilinenin kaşık bükme eylemdir. Herkesin biraz çalışma ile yapabileceği kaşık bükme bir zamanlar Avrupa'da bir televizyon kanalında binlerce kişinin katılımı ile ortak bir çalışmada ilginç sonuçlar vermiştir.

Bugüne kadar düşünce gücü ve olumlu düşünmenin etkisi üzerine yapılan çalışmalardan bazılarından söz edecek olursak:

En popüler olan ve bilinen suyun üzerinde yapılan deneyde

Dr.Masaru Emoto, çalışmasını kısaca şu şekilde açıklıyor:

"İçinde su olan şişenin üstüne yazılmış veya sözel olarak söylenmiş sözcükler, düşünceler, suya çalınmış olan müzik veya oynatılmış film ile suyun yapısal özelliği değişir."

Yapılan bu deneyler sırasında akarsu ve kaynaklardan alınan su kristallerinin çok düzgün geometrik şekillere sahip olduğu fakat buna kıyasla kirli ve toksik su borularından alınan su kristallerin şekillerinin bozuk olduğu gözlenmiş."

Japon Bilim Adamı Prof.Dr. Masaru Emoto, içinde 70'ten fazla kristal resmi bulunan "Su Kristalleri" adlı kitabında şunları kaydetmiştir: "Su, cansız bir madde değil; canlı ve duyguları algılayan kristallerden oluşmaktadır. Su, çevresinden pozitif ve negatif bilgileri alır ve ona göre tepki verir." Prof.Dr. Masaru Emoto, Su kristalleriyle ilgili çalışmalarına iki önemli olayın rol aldığını bunlardan birisinin manyetik rezonens analiz cihazının, canlı organizmalardaki belli frekanslarını ölçmesi ve diğeri ise kar tanelerinin hiçbirisinin birbirine benzememesidir.

Prof.Dr.Masaru Emoto, üç yıl kadar önce mikroskopla yaptığı araştırmalarda, donmuş su kristallerinin dış tesirler karşısında çok değişik şekillerde reaksiyon gösterdiğini keşfetmiş ve bunları fotoğraflamıştır. Bu araştırmalara göre su kristalleri, dış çevre tesirlerinin yanı sıra, müzik, söz ve kavramlara da tepki vermektedir. Ayrıca, suyun hisleri ve şuuru da kaydettiğini ortaya çıkarmıştır. Emoto, araştırmalarıyla suyun sadece hafızasının ve bilgi taşıyıcı özelliğinin olmadığını, aynı zamanda kâinatın dilini ve gerçek sevgi titreşimini de yansıttığını ispatlamaktadır.

Sonuçta, Su pozitif bir doğal enerjidir ve yapı itibariyle suyun içersinde gizli bir ilim mevcuttur. Prof.Dr.Masaru Emoto, suya positif bilgi yüklediğinde ortaya çıkan şekiller yine positif, negatif yüklediğinde ise ortaya çıkan şekiller negatif olmuştur. Ortaya çıkan bu şekiller, suyun bir madde olmaktan daha çok, içersinde derin bir matematiksel (boyutsal) bilginin olduğunu kanıtlamaktadır. Yani güzel sözlerin veya rahatlatıcı bir müziğin, insan bedenine ve ruhuna faydalı olması gibi, suda da mevcut olan biyolojik sistem aynıdır. Suda mevcut olan bu ekolojik denge, hem bitkiler ve hem de tüm canlılar için önem arzetmektedir.

Benzer bir çalışma da Japonya'da ilkokul öğrencileri tarafından yapılmış. Eşit şartlar altındaki iki kavanoza bir miktar pirinç konulmuş. Kavanozlardan birinin üstüne 'Teşekkür ederim', diğerine de 'Seni aptal' yazıldıktan sonra bir süre beklemeye bırakılmış. Üzerinde olumsuz yazı bulunan kavanozdaki pirinçler siyah bir renk almış ve kötü kokulu bir şekilde çürümüş. Olumlu şeyler yazan kavanozdaki pirinçler ise daha düzgün kalmış, sadece sarı bir renk almışlar.

Bir diğer önemli araştırma da Fransız bilim adamı Dr. Jacques Benveniste tarafından yapılmış. 1980'lerde başladığı çalışmaları sonucunda suyun hafızası olduğu sonucuna varmış kendisi.

Dr. Benveniste suya bir madde eklemiş ve daha sonra da suyu bir milyon kez sulandırmış. Özel bir alet de aşırı derecede karıştırdıktan sonra maddenin yok olacağını düşünmüş. Fakat maddenin hala suda olduğunu görünce milyonlarca kez daha sulandırarak aynı işleme devam etmesinin sonucunda madde yine de yok olmamış O zaman suyun yüklenen bir maddeyi hafızasına kaydettiğini anlamış. Benveniste'nin bir başka deneyinin sonucu ise biraz daha ürkütücü. Bilim-kurgu senaryolarını aratmayacak bir sonuca ulaşan Benveniste gelecek hakkında fazlasıyla düşünmemize neden oluyor. Suya bir zehir yerine sadece o zehrin frekansını yüklemiş ve aynen zehrin kendisi gibi içine konulan sinekleri öldürdüğünü gözlemlemiş.

Benveniste'nin deney sonundaki tespiti şu şekilde ''Biyokimyevi maddelerin yaydığı sinyal kaydedilip internet aracılığı ile dünyaya yayılabilir ve bu sinyal biyolojik hücreleri sanki gerçekte o madde varmış gibi etkileyebilir.

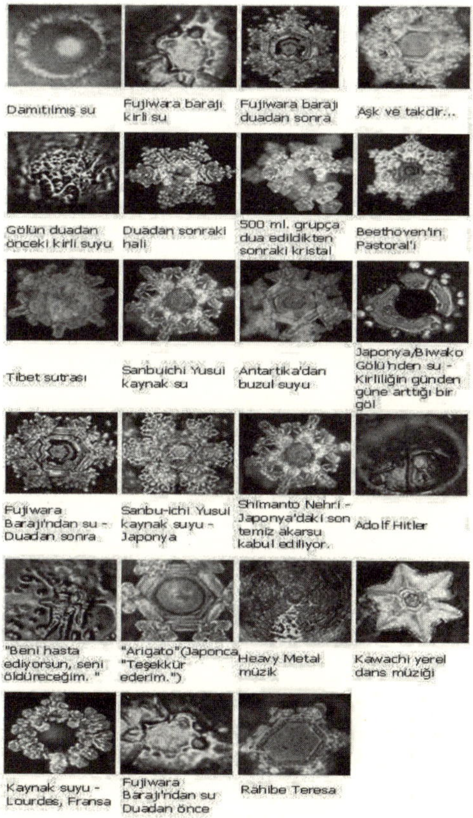

Gerçek iyimser, problemlerin farkındadır; ama çözümleri de bilir, zorlukları görür ama üstesinden gelineceğine de inanır, olumsuzlukları yakalar; ama olumlulukları da vurgular, en kötüye açıktır ama en iyiyi de bekler, şikayet etmek için nedeni vardır; ama gülümsemeyi seçer.

DÜŞÜNCE GÜCÜ İLE TEDAVİ

Düşünce yapımızın yaşadığımız olaylardan tutun da hastalıklarımıza kadar birçok alanda ne gibi faydaları olduğu konusuna birçok kez farklı kitap ve makale okumuşunuzdur. Bu konuda kişinin kendi kendini telkin ile neleri değiştirebileceği konusunda ise birçok çalışma gerçekleşmiştir.

Bu çalışmalardan en başarılı olanı ve herkes tarafından uygulanabilenini ise Louis Hay tarafından yazılan Düşüne Gücü ile Tedavi adlı eserde toplanmış.

Kitapta düşüne kalıplarımızın hastalıklar üzerindeki etkisi ve hangi telkinleri yaptığımız zaman hangi değişiklikleri yaşayacağımızı anlatmış.

Rahatsızlıklarımız konusunda yapacağımız olumlamaların ne gibi değişiklikler yol açtığı ve yapılacak basit çalışmalarla birçok rahatsızlığımızdan kurtulabileceğimizi uzun yıllar süren çalışmalarının sonucu olarak bizlere sunmuş.

"Bedenimin verdiği mesajları sevgiyle dinliyorum"

Hayatta her şeyin olduğu gibi, beden de içsel düşünce ve inançlarımızın bir aynasıdır. Dinlemesini bilirsek bedenimiz daima bizimle konuşur. Bedenimizin her hücresi, düşündüğünüz her düşünceye, söylediğiniz her söze karşılık verir.

Sürekli düşündüğünüz ve söylediğiniz şeyler, beden yapınızı, şeklini, sağlığını ve hastalığı oluşturur. Asık görünüşlü bir surata sahip kişi, bu görünüşünü sevecen ve mutlu düşüncelerle oluşturmamıştır. Yaşlı insanların yüz ve bedenleri açık bir biçimde hayat boyu sürdürdükleri düşünce kalıplarını yansıtır. Siz yaşlandığınızda nasıl görüneceksiniz?

Her hastalığın zihinsel nedeni herkes için yüzde yüz geçerli değil elbette. Ama hastalığın nedenlerini araştırmaya başladığımız için bir başlangıç noktasını veriyor.

Organlarımızın neyi temsil ettiğine ve hangi hastalıklara yol açtığı konusunda yapılan çalışmalardan bir kesit sunuyorum.

BAŞ, bizi temsil ediyor. Dünyaya gösterdiğimiz şey. Genellikle başımızla tanınırız. Baş bölgesinde bir sorunumuz varsa bu, genellikle "bizde" çok yanlış bir şey olduğu duygusunu taşıdığımız anlamına gelir.

Olumlaması *"Barış, sevgi, haz, gevşeme, rahatlık. Hayatın akışına kendimi bırakıyor ve hayatın içinde kolaylıkla gelişiyorum"*

SAÇ, dayanıklılığı temsil ediyor. Gergin ve korku dolu olduğumuzda, sıklıkla omuz kaslarında başlayan katılaşma başımızın tepesine, hatta göz çevresine kadar yayılır. Saç, saç kökleriyle beslenir. Kafa derimizde gerginlik olduğunda, sıkılmaktan dolayı saç nefes alamaz. Ölür ve dökülür. Gerginlik sürüyorsa, kafa derisi gevşeyemez. Saç kökleri sıkıştığı için yeni saç büyüyemez ve sonuç; kellik.

Gerginlik güçlü olmamaktır. Gerginlik zayıflıktır. Gerçekten güvenli ve güçlü olmak demek, sakin, dengeli ve huzurlu olabilmektir. Bedenlerimizi daha çok gevşetmeliyiz, baş derimizi de.

KULAKLAR, işitme kapasitesini temsil ediyor. Eğer kulaklarınızda sorununuz varsa, genellikle işitmek istemediğiniz bir şeylerin olup bittiği anlamına gelir. Kulak ağrısı işittiğiniz bir şeyden kızgınlık duyduğunuzun göstergesidir.

Kulak ağrıları çocuklarda çok yaygın. Çocuklar, genellikle evlerinde işitmek istemedikleri şeyleri duymak zorunda kalıyorlar. Çoğu ailede çocuğun kızgınlığını ifade etmesine izin verilmez. Çocuk olayları değiştirme gücüne sahip olmamasının tepkisini, kulak ağrısı yaratarak gösterir.

Sağırlık, birlikte yaşamak zorunda olduğunuz bir kişiyi dinlemeye katlanamamanın göstergesidir. Dikkat edin, çiftlerden birinde sağırlık sorunu varsa, diğeri sürekli konuşur, konuşur, konuşur.

Olumlaması: *"Tanrıyı dinliyorum. Hayatın coşkusunu işitiyorum. Hayatın bir parçasıyım. Sevgiyle dinliyorum"*

GÖZLER, görme kapasitesini temsil ediyor. Göz sorunları, görmek istemediğimiz bir şeyler olduğu anlamına geliyor. Kendimizle ya da hayatla ilgili; geçmişle, şimdiyle ya da gelecekle ilgili görmek istemediğimiz şeyler.

Birçok insan gözlük takmaya başlamalarından 1-2 yıl öncesine dönüp görmek istemedikleri şeylerle yüz yüze gelmeyi kabul ettiklerinde, gözlerinde gözlük takmalarına gerek kalmayacak kadar iyileşme görüldü.

Şu anda olanları görmezden mi geliyorsunuz? Ne ile yüzleşmek istemiyorsunuz? Şu andan mı, yoksa gelecekten mi korkuyorsunuz? Eğer gerçekleri net bir şekilde görebilseydiniz, şu anda görmediğiniz neleri görüyor olacaktınız? Kendinize ne yaptığınızı görebiliyor musunuz?

Olumlaması: *"Özgürüm. Özgürce ileriye doğru bakıyorum. Çünkü hayat sonsuzdur ve mutluluklarla doludur. Sevecen gözlerle bakıyorum. Kimse bana asla zarar veremez"*

BAŞ AĞRILARI, kendimizi yanlış, geçersiz, değersiz görmekten kaynaklanıyor. Bir daha başınız ağrıdığında, kendinizi hangi konuda hatalı bularak yargıladığınıza dikkat edin. Kendinizi affedin. Baş ağrınızın geçtiğini göreceksiniz.

BOĞAZ, "istediğimiz şeyi söyleyebilme" ve "kendimizi ifade etme" yeteneğini temsil ediyor. Boğazla ilgili sorunlar, bunları yapmaktan korkmak, hakkımızı aramaktan çekinmek, "ben buyum" demek cesaretini gösterememekten kaynaklanıyor.

Kızgınlık, boğaz ağrılarının sebebidir. Eğer soğuk algınlığı da varsa zihinsel karışıklık yaşıyoruz demektir. LARENJİT, konuşamayacak kadar öfkeli olmak demek.

Boğaz ayrıca bedendeki yaratıcı akışı da temsil ediyor. Yaratıcılığımızı ifade ettiğimiz bu bölgede, yaratıcılığımız engellendiğinde, boğazla ilgili sorunlarımız olur. Hepimiz tüm hayatlarını başkaları için yaşayan birçok insan tanıyoruz. Kendi istediklerini hiç yapamayan, sürekli anne-baba-eş-sevgili-patronların istekleri ve beklentileri doğrultusunda yaşayan ne çok insan var. BADEMCİK ve TİROİD sorunları, kendi isteklerinizi gerçekleştirememekten kaynaklanan, engellenmiş yaratıcılığın sonucu oluyor.

Boğazdaki enerji merkezi, yani beşinci çakra, bedende değişimin olduğu yerdir. Değişime karşı koyduğumuzda, değişimin tam ortasında ya da değişmeye çalıştığımızda, genellikle boğazımızda etkinlik artar. Öksürdüğümüzde ya da biri öksürdüğünde dikkat edin. Ne konuşuluyordu? Neye tepki gösteriyoruz? Direnç ve inatçılık mı, yoksa değişim süreci içinde miyiz? Grup çalışmalarımda öksürmeyi, kendini keşfetmede bir araç olarak kullanırım. Birisi öksürdüğünde, elini boğazına götürmesini ve yüksek sesle "Değişmeye Hazırım" ya da "Değişiyorum" demesini söylerim.

Olumlaması: *"Düşüncelerimi, hissettiklerimi, isteklerimi rahatlıkla ve özgürce dile getirebiliyorum. Yaratıcıyım. Sevgiyle konuşuyorum"*

KOLLAR, hayat deneyimlerini kucaklama kapasitesini ve yeteneğini simgeler. Kolların dirsekten yukarısı kapasitemizle, dirsek altı bölümü yeteneklerimizle ilgilidir. Duygu birikintilerimizi eklem yerlerinde depolarız ve dirsekler yön değiştirmede esnekliğimizi simgeler. Hayatınıza yeni bir yön verme konusunda esnek misiniz? Yoksa eski duygu birikimleriniz sizi aynı noktada mı tutuyor?

ELLER, yakalar, tutar, kavrar. Bir şeylerin parmaklarımızın arasından akıp gitmesine izin veririz. Bazen gerektiğinden fazla tutarız. Açık elli, sıkı elli, el becerili, yumruk sıkan, yumuşak elli oluruz. Elden veririz, el veririz, elde edemeyiz, elinin hakkını veririz. El ele veririz, avucumuzun içine alırız, elimizden gelmez. Eli maşalıdır, eli uğurlu gelir veya ele avuca sığmaz.

Eller yumuşak olabilir veya parmak boğumları çok fazla evhamlı ya da katı düşünceli olmaktan dolayı sert ve yumru yumru olabilir. Elleri sıkmak korkudan kaynakların; kaybetme korkusu, asla yetmeyeceği korkusu, bırakırsan gider korkusu.

Bir ilişkiye sıkı sıkıya yapışmak, eşin arkaya bakmadan kaçmasına yol açar. Sıkılmış yumruklar yeni bir şeyi tutamazlar. Elleri bileklerden rahatça sallamak, insana rahatlık ve açıklık duygusu verir. Size ait olan şey, sizden alınamaz. Rahat olun.

Olumlaması : *"Tüm düşüncelere sevgiyle ve kolaylıkla uyum sağlıyorum"*

SIRT, destek sistemimizi temsil eder. Sırt sorunları genellikle yeterince destek görmediğimizin ifadesidir. Sıklıkla bizi işimizin, ailemizin, eşimizin desteklediğini düşünürüz. Gerçekte, tümüyle Evren ve Hayatın kendisi tarafından destekleniyoruz.

Üst sırt ağrıları, duygusal destek yoksunluğunun hissedilişidir. Kocam - karım - sevgilim - arkadaşım - patronum beni anlamıyor ve desteklemiyor.

Orta kısım suçluluk duygusuyla ilgili. Geçmişimizde arkamızda kalan bir şey. Arkanızda ne bıraktığınızı görmekten mi korkuyorsunuz ya da arkada bıraktığınız bir şeyi mi gizliyorsunuz? Sırtınızdan hançerlenmiş gibi mi hissediyorsunuz? Gerçekten "bitip tükendiğinizi" mi hissediyorsunuz? Ekonomik sorunlarınızla bir çıkmaz içindesiniz? Ya da ekonomik endişeleriniz çok mu fazla? Bu durumda, alt sırt bölgenizde sorunlarınız olacaktır. Parasızlık ya da parasal korku bunu yaratacaktır. Miktarın hiç önemi yoktur.

Çoğumuz hayatımızda en önemli şeyin para olduğunu düşünürüz. Onsuz yaşanamaz. Bu doğru değildir. Paradan çok daha önemli, onsuz yaşayamayacağımız bir şey var. O nedir? Nefesimiz.

NEFESİMİZ hayattaki en değerli şey. Ama nefes verdiğimizde, bir sonraki nefesi almak için havanın orada olacağından zerre kadar şüphe etmeyiz. Bir nefes daha alamazsak, üç dakika dayanamayız. Bizi yaratan GÜÇ, hayatımız boyunca yetecek nefesi bize verdiğine göre, neden tüm diğer ihtiyaçlarımızın da karşılanacağına güvenemiyoruz?

Olumlaması: *"Hayat beni destekliyor. Evrene güveniyorum. Sevgi ve güveni özgürce veriyorum*"

MİDE, tüm yeni düşünce ve deneyimlerimizi hazmeder. Mideniz neyi alıyor, neyi almıyor? Hazmedemediğimiz şey ne? Mide sorunları, yeniliklere kolaylıkla adapte olamadığımızın göstergesi. Korkuyoruz.

Çoğumuz uçakla yolculuğun yaygınlaşmaya başladığı ilk dönemleri hatırlıyordur. Kocaman metal bir kuşun içine girip, güvenli bir şekilde yolculuk edeceğimizi düşünmek oldukça zordu. Her koltukta kusma torbaları vardı ve çoğumuz torbaları kullanıyorduk. Şimdi aradan geçen yıllardan sonra torbalar hala var. Ama çok ender kullanılıyorlar. Uçma fikrini hazmettik artık.

Olumlaması: *"Yeni düşünceleri kolaylıkla özümlüyorum. Hayat benimle uyum içinde. Hiçbir şey bana rahatsızlık veremez. Dinginim"*

BACAKLARIMIZ, hayatta bizi ileriye doğru götürüyor. Bacaklardaki sorunlar, öne adım atma korkusu ya da bir yolda ilerlemekteki kararsızlığımızın göstergesi. Ayaklarımızla koşarız, ayağımız geri geri gider, ayağımız sürünür. Bir şeyleri yapmak istemediğimiz zamanlar, bacaklarımızda küçük sorunlar yaratırız. VARİS DAMARLARI nefret ettiğimiz bir yerde veya iş de olduğumuzu gösterir. Damarlar zevki taşıma yeteneklerini kaybederler. Siz istediğiniz doğrultu da mı ilerliyorsunuz?

AYAKLARIMIZ, kendimiz ve hayat hakkındaki anlayışımızla ilgilidir. Geçmişle, şimdiyle ve gelecekle. Çoğu yaşlı insan yürümekte zorluk çeker. Hayat anlayışları geçerliliğini yitirmiştir ve gidecek bir yerleri kalmamış gibidir. Küçük çocukların hoplayıp, zıplayıp, dans eden ayakları vardır. Yaşlı insanlar hareket etmekten korkarcasına durdukları yerde bile sallanırlar.

Olumlaması: *"Gerçek benim desteğim. İleriye doğru zevkle adım atıyorum. Ruhsal bir anlayışa sahibim"*

CİLDİMİZ, bireyselliğimizin ifadesidir. Cilt sorunları genellikle bireyselliğimizin bir şekilde tehdit edilmesinden kaynaklanır. Başkalarının üzerimizde gücü olduğu duygusuna kapılırız. Cilt sorunlarından kurtulmanın en iyi yollarından biri, günde yüzlerce defa "kendimi onaylıyorum" demektir. Gücünüze tekrar sahip çıkın.

Olumlaması: *"Olumlu yollarla dikkat çekiyorum. Güvenliyim. Kimse bireyselliğimi tehdit edemez. Huzurluyum. Dünya güvenli ve dostça. Tüm kızgınlık ve öfkelerimden kendimi özgür kılıyorum. İhtiyacım olan şeyler bir şekilde karşılanacaktır. Suçluluk duymadan iyi olan her şeyi kabul ediyorum. Küçük mutluluklardan yararlanmasını biliyorum"*

KAZALAR, kaza değildir. Her şeyi olduğu gibi kazaları da biz yaratırız. Tabii ki, "bir kaza geçirmek istiyorum" demeyiz. Ama düşünce kalıplarımızla kazaları kendimize çekeriz. Bazıları "sakardır", kazalar her yerde onları bulur, bazılarının ise hayat boyu başlarına bir şey gelmez.

Kazalar kızgınlık ifadesidir. Birikmiş öfkedir. Kazalar ayrıca otoriteye karşı çıkma arzusudur. O kadar kızarız ki birisine vurmak isteriz, ama birisi bize vurur (çarpar). Kendimize kızdığımızda, suçluluk duyduğumuzda, kendimizi cezalandırma ihtiyacı duyduğumuzda, kaza bu işlevi görür.

Kazada bizim hiç suçumuz yokmuş gibi görünebilir, kaderin talihsiz bir kurbanıyızdır. Kaza, başkalarından ilgi ve şefkat görmemizi sağlar. Birileri bize bakar, yaralarımızı iyileştirir. Bazen yatakta uzun süre istirahat etmek zorunda kalırız. Ve ağrılarımız olur. Ağrılarımızın bedenimizde oluştuğu yerler, hayatımızın hangi alanında kendimizi suçlu hissettiğimiz konusunda bize ipucu verir. Bedensel hasarın boyutu, ne kadar ağır cezalandırılmak istediğimizi ve mahkumiyetimizin süresini gösterir.

ASTIM, Kendin için nefes almayı hak etmeme duygusu. Astımlı çocuklar aşırı duyarlılığa sahip oluyorlar. Çevrelerinde tüm olan bitenlerden kendilerini sorumlu hissediyor ve suçluluk duyuyorlar. Kendilerini "değersiz" ve bu yüzden de suçlu hissederek, kendilerini cezalandırma ihtiyacındalar. Coğrafı değişiklikler bazen astım için yararlı oluyor, özellikle aileden uzaktaysa.

Genellikle astımlı çocuklar büyüdükçe hastalıklarını "yeniyorlar". Yani ev ortamından okula giderek, evlenerek ya da yanlız yaşamaya başladıklarında, hastalık geçiyor. Ama hayatlarının bir döneminde, çocukluk dönemlerini hatırlatan bir deneyim yaşarlarsa bir astım nöbetine yakalanıyorlar. Böyle bir durumda, tepki gösterdikleri şey, o anda olanlar değil, çocukluklarında yaşadıkları bir şeyle duygu bağlantısı kurmaları oluyor.

ŞİŞMANLIK, Korunma ihtiyacını temsil eder. İncinmelerden, eleştiriden, tacizden, cinsel sömürüden korunmaya ihtiyaç duyarız. Yani genelde hayattan ya da bazı konulardan korkarız. Siz seçiminizi yapın.

Ben şişman bir insan değilim. Ama yıllar boyu, kendimi güvende hissetmediğim dönemlerde birkaç kilo aldığımı fark ettim. Tehlike gittiğinde, kilolar da kendiliğinden gidiyordu. Kilolarla savaşmak zaman ve enerji ziyanıdır. Rejimi bıraktığınız anda kilolar tekrar geri geliyor. Kendinizi sevmek ve onaylamak, yaşam sürecine güvenmek, aklınızın gücünü bilmekten gelen güvencede olma duygusu, bence en iyi rejim. Olumlu düşünenlerin rejimini yapın, kilolarınız kendiliğinden kaybolacaktır.

Birçok anne, baba sorun ne olursa olsun, bebeğin ağzına yiyeceği dayıyor. Bu bebekler büyüdüklerinde bir sorunları olduğu zaman "ne istediğimi bilmiyorum" diyerek buzdolabının kapısını açıyor.

AĞRI, Her türlüsü bir suçluluk duygusunun belirtisi. Suçluluk duygusu daima ceza arar, ceza da ağrıyı yaratır. Kronik ağrılar, kronik suçluluk duygusundan kaynaklanır. Bu duygular o kadar derinlere gömülmüştür ki, çoğunlukla farkında bile olmayız. Suçluluk duymak, tümüyle faydasız bir duygu. Ne kimsenin kendisini daha iyi hissetmesini sağlar, ne de durumu değiştirir.

KASILMA, TUTULMA, Zihindeki tutukluğun ifadesi. Korku, bildiğimiz eski yollara yapışıp kalmamıza neden oluyor, esnek olmakta zorlanıyoruz. Eğer bir şeyi yapmanın sadece "tek yolu" olduğuna inanıyorsak, genellikle bir yerimiz tutulur. Daima başka yollarda vardır.

Düşünce gücü ile bazı fiziksel hareketleri birleştirerek dünya çapında geliştirdiği bir eğitim sistemiyle hem gözlüklerden hem de birçok fiziksel ve zihinsel rahatsızlıklardan kurtulmanın yollarını öğreten **Mirzakerim Norbekov**'un kaleme aldığı '*Haddini Bilmezin Annesinin Nikahı Nerede Kıyıldı*' eserde şöyle bir hikaye anlatır.

Vaktinde yatağa bağlanmış ve hastalıklarından kurtulamayan bir kral sürekli olarak şifacı ve tabibleri tedavi için çağırıyormuş. Ne var ki her gelen tedavi edemediği canından oluyormuş. Bir gün veziri krala:

-Efendim bölgede yaşayan yaşlı bir şifacı var. İsterseniz onu çağırtalım. Lakin biraz aksidir ve biraz sabretmeniz lazım. Onun bugüne kadar iyi edemediği hastalık yok. Sadece hastalar buna katlanamıyorlar.

Kral bunun üzerine son çare olarak kabul etmiş. Vezir şifacı ile görüşmüş. Şifacı şartlarını açıklamış. Sarayın önünde heybesi altın dolu hızlı koşan bir at istiyorum ve ben tedavi ederken sarayda kimse olmayacak demiş. Kral ne kadar bağırırsa bağırsın ne derse desin askerler duymayacak ve emirlerini yerine getirmeyecek demiş. Kral bunları duyunca epey bir sinirlenmiş ama sonunda kabul etmiş.

Şifacıyı kralın yatak odasına almışlar ve sarayı boşaltmışlar. Kimsenin kalmadığını görünce yaşlı şifacı başlamış konuşmaya:

-Seni hastalık hastası yaşlı bunak. Yıllardır millete kan kusturdun hastayım diye. Kolunu kımıldatacak halin yok öylemi? Kendini bu hastalıklara o kadar inandırmışın ki hareket edememen tabi normal. Bak şimdi seni nasıl tedavi edeceğim be zavallı adam.

Yaşlı şifacı bir yandan hakaretler ederken bir yandan da yatağa çıkıp başlamış kralın üzerine işemeye.

Kral bağırmaya başlamış. Nöbetçiler diye. Ama sarayda kime yok. Şifacı hem işiyor hem de küfrediyormuş kralı. Kral can havliyle kolunu kıpırdatmış sonra yataktan aşağı inmiş. Bu sırada şifacı çoktan sarayın kapısında bekleyen ata doğru yürümüş. Şifacı giderken arkasından kral merdivenlerden sürüklenerek inmiş. Kapıda kralı gören askerler at getirmişler. Kral kimse davranmasın o yaşlı adamın canın ben alacağım diye. Bütün gücüyle ata binmiş ve takip etmeye başlamış. Kral atta giderken bir bakmış gibi yatakta değil. Birkaç dakika öncesine kadar kolunu kıpırdatamazken şimdi ata binmiş gidiyor. Aradan biraz süre geçince anlamış ki o yaşlı adam aslında kendisini iyi etmişti. Aslında hasta olmadığını ama hastalık hastası düşüncelerin kendisini hasta ettiğini şimdi fark etmiş ve saraya geri dönmüş.

Hikayede de görüldüğü gibi çevremizde de çoğu zaman hastalık hastası kişileri fark edebilirsiniz. Biz de çoğu zaman depresyona girerek kendimizi hasta ederiz. Düşüncelerimizi kontrol eder ve onları hem sağlık hem de yaşamımız üzerinde kontrol edebilirsek çok daha nitelikli bir yaşama sahip oluruz.

İnsanoğlu, ağzından çıkan cümlelerin ve beyninden çıkan düşüncelerin, bütün evreni dolaşıp tekrar geri döndüğünü bilse eminim çok daha dikkatli olurdu.

Albert Einstein

OLUMSUZ DÜŞÜNCE YAPISINDAN OLUMLU DÜŞÜNCE YAPISINA

Bilinçaltınızı olumlu bir yapıya kavuşturmanın en etkili yolu, önce konuşmalarınızın içinde bulunan ve zararsız gibi görünen olumsuzluk taşıyan çok küçük ifadeleri çıkarıp atmaktır. Sonra da düşüncelerinizi kontrol altına alıp en küçük olumsuzluk düşüncesinden başlayarak büyük olumsuzluk düşüncesine doğru onların önce bilincine varıp vücuttaki ve yüzümüzdeki meydana getirdiği kasılmaları gevşetmek ve onları kaslarımız sayesinde vücudumuzdan akıp gitmesini sağlamaktır. Konuşmalarımızdaki kullandığımız olumsuz sözcükler ve bu sırada aklımızdan geçen olumsuz düşünceler tek başlarına zararsız bile görünseler, bir zaman sonra bilinçaltımızda son derece zararlı etkilere yol açarlar. Bilinçaltımız böylece olumsuz bir tutum alır.

Kendi kendine devamlı olumlu sözler söyleyip telkinde bulunan insan zamanla bilinçaltının o yönde çalışmasını sağlar. Bu aynı jimnastik alıştırmaları gibidir. En kötü bir olayı dahi anlatırken ama iyi olacak deyip sonrada o kötü olayın nasıl iyi yanları ve etkileri olabileceğini düşünüp söyleyin. Hatta onları bir kağıda yazıp devamlı okuyun. Umut dolu, daima olumlu ve yapıcı eleştiri yapan, ileriye neşe ve ümitle bakan insanlarla ilişki kurun ve sizde öyle bir insan olun.

Devamlı üzülen, olumsuz insanların bu huylarını değiştirmeye uğraşın.

Bir insan nasıl düşünürse öyle yaşar. Üzüntü, sağlıksız ve yıkıcı bir zihinsel alışkanlık, bir hastalıktır. Üzüntü parça parça yok edilir. Bunun için önce küçük şeylere üzülmeyi bırakınız. Konuşmalarınızdan üzüntü ve korku belirten kelimeleri çıkarınız. "Ben yapamam" cümlesi bir hastalık belirtisidir. Daima ben başarırım, ben yaparım deyin. Günde 20 kez ben yaparım, ben başarırım diye tekrarlayın. İleride otomatik olarak böyle düşünmeye başlayacaksınız. "Ben yapamam'ı değiştirmenin bir başka yolu da kendinize ait bir teknik arayıp bulmanızdır. Eğer yokları düşünürseniz varlara ulaşamazsınız. Eğer gerçekçiyim diye övünüyorsanız ve gerçekçiliğiniz sizi karamsar yapıyorsa siz gerçekçi değil karamsarsınız.

İyimser olan insanda beyin endorfin denilen bir hormon salgılar. Bu hormon insanın kendini daha iyi ve mutlu hissetmesini sağlar.

Sizin hayata karşı yapacağınız bazı değişiklikler bir süre sonra gerçekleşmek için uygun bir zaman bulacaktır. Bunun için o güne kadar düşünce yapınızda değiştirmediğiniz veya gerçekten inanarak söylemediğiniz düşüncelerin yerine daha olumlu bir düşünce yapısı inşa etmeniz gerekecektir. Birçok kişi kendisinin daha olumlu bir kişi olduğunu ama dışarıdaki insanların olumsuzluk taşıdığı için olumsuz bir yapıda kalmak zorunda olduğunu savunurlar. Seçim sizin!

Kötüye yormak ve vehim yapmak insanı derdi yokken bile hasta eder. Onun için olaylara iyi bak!

OLUMLU DÜŞÜNME EGZERSİZLERİ

Günlük hayatta basitçe uygulayabileceğiniz bazı basit egzersizlerle sizde olumsuz bir durumla karşılaştığınızda bir an önce o durumdan kurtulmak için uygulayabilir ve normal halinize geri dönebilirsiniz. Ciddi meselelerde ise o anlık yapacak bir şey olmasa bile o tip durumlarda bile daha az yıpranmanıza düzenli olarak yapacağınız bazı basit uygulamalarla daha sağlıklı bir ruh haline geçeceksiniz.

- Güne başlarken daha yataktan kalkmadan ayaklarınızı birleştirip karnınıza doğru çekip içinizdeki nefesi boşaltın. Bu işlemi birkaç kez yapın. Sonra ayağa kalkarak ayak uçlarınıza doğru eğilip sonra tavana doğru gerinebildiğiniz kadar gerinin. Bu işlemi üç kez yapın.
- Daha çok oksijen almanız sağlanacak ve beyninize kafein içerikli içecekler almadan uyarıcı hormonlar salgılanmaya başlanacak. Buna ek olarak yapabilirseniz ek hareketler yapabilirsiniz.
- Dünü düşünün! Dünün yarını ile baş başasınız. O yüzden bugünün de bir şekilde biteceğinin farkında olun. Dün gereksiz yere sıkıntı yaptığınız şeylere bugün daha az ehemmiyet vererek günü geçirmeyi

planlayın. Dün artık geçmişte kaldı. Sizin üzüldüğünüz şeylerin birçoğu tarih oldu ama üzüntü sonrası hisler bedeninizde iz bıraktı. Daha sonra ödenmemiş vergi borçları gibi karşınıza çıkacak. Bu yüzden bir karar verin. Bugün düne göre daha az şeye üzüleceğim ve daha çok mutlu olmaya çalışacağım.

- Güne başlarken mutlaka nitelikli bir kahvaltı yapmaya çalışın. Az ama öz olsun. İşyerinizde vaktiniz çok ve kahvaltı sizinle arkadaşlarınız arasında bir vakit geçirme imkanı tanımıyorsa mutlaka evde yapmaya özen gösterin. Simit vb. yiyecekler için artık yaşınız geç. Bir an önce besleyici içeriği olan yiyeceklere yönelin ve daha az kafeinli içecekler tüketin. Tek başınıza değilseniz çay iyi bir seçenektir. İşyerinizde bolca çay tüketme durumu varsa sabah evde çay tüketme yerine meyve suyu tercih edebilirsiniz.

- İşyerinize giderken ya da okula en az onbeş dakika yürüyecek şekilde ulaşım proğramı yapın. Sürekli olarak toplu taşıma kullanıyorsanız ve ayakta kalmaktan biçare iseniz yürümek size göre değil. Bunun haricinde bireysel imkanları ile ulaşım sağlayanlar için biraz hareket etmek için bahane oluşturması güne başlarken enerjinizin çoğalmasına neden olacaktır.
- Güne başlarken haber izlemeyi veya dinlemeyi tercih etmeyin. Haberlelerin çoğu olumsuz haberlerle dolu olduğundan olan motivasyonunuzu azaltır. Haber için en iyi saatler akşam saatleridir. Kaldı ki sosyal medyada sürekli olarak haberler karşımıza çıkmaktadır. Bu yüzden gereksiz habere vakit ayırıp olumsuz bir zihin yapısına dönüştürmeyin.
- Güne başlarken yolda ya da ilk fırsatta kendi kendinize: ***"Bugün benim için güzel bir gün olacak. Yaşayacağım bütün olaylar hayrıma olacak. Bunun bilincindeyim. Hoşuma gitmeyecek bazı olaylar benim bütünlüğüm için geniş zamanda faydalı olacaktır.***

  Düne göre daha az üzüleceğim ve daha fazla mutlu olmak için çaba harcayacağım.

  Yaşam bir rüyadan ibaret ve bende bu rüyanın tadını çıkarmak için elimden geleni yapacağım.
- Gün içerisinde olabildiğince olumsuz kelime sarf etmekten kaçının. Bunun hiçbir faydası olmadığı gibi zararı daha çok olacaktır. Müşteri ziyaretlerinde kriz vb. konuşmalar çıktığında lafı değiştirip olum-

lu bir şeyler bulmaya bakın. Bu konuda Nasreddin Hoca'nın hikayesini anlatarak kriz şarkılarıyla vakit geçirmek yerine dikkat çekici bir konuşma ile karşıdaki kişiye moral verebilirsiniz.

"Nasreddin Hoca bir gün çocuklarını ziyarete gider. İlk çocuğuyla hoşbeşten sonra çocuğu tarladaki çömlekleri göstererek tüm umudum bu çömleklerde baba der. Eğer yağmur yağarsa anam ağlar der. Diğer gün diğer çocuğunun yanına gider. Biraz hoşbeşten sonra çocuğu babasında tarladaki ekinleri gösterir. Baba yağmur yağmazsa anam ağlayacak der. Eve geldiğinde hanımı sorar. Çocukların hali nicedir? diye. Nasreddin Hoca da onu bunu bilmem hanım, yağmur yağsa da yapmasa da senin ağlayacağını bilirim ben der."

- Bİr kişiye yansıyan olumsuzluk hali bir başka kişi için olumlu bir durum olabilmektedir. Bunu izah ettiğinizde hem sizin hem de karşıdaki kişi için farklı bir bakış açısıyla düşünme sonucu daha olumlu bir hal alacaktır. Siz de bulunduğunuz ortamda bir fıkra ya da bir hikaye ile ortamın havasını değiştirebilirsiniz.
- Gün içerisinde yaşadığınız olumsuz olaylarda daha önce yaşadığınız olumlu bir olayı düşünüp o anı geçiştirmeye çalışın. Bir süre sonra bu durum geçecektir. Canınız çok sıkıldı ise hoşunuza gidecek bir eylem yapın.
- Bazen yaşadığınız olaylar üst üste canınızı sıkmış olabilir. Bu tip durumlarda motivasyon içerikli filmler izleyebilirsiniz ya da kendinizi mutlu hissedece-

ğiniz bir arkadaşınıza ziyarete gidebilirsiniz. Hafta sonu pikniğe gidebilir ya da biraz egzersiz ve ter atmak yaşadığınız olumsuzlukları azaltmanıza yardımcı olacaktır.

- Her olayın olumlu bir tarafını düşünmek için kendinizi zorlayın. Başlangıçta zor olsa da daha sonra alışkanlık haline gelecektir.
- Yaşadığınız olay için "***Benim için hayırlı olan buymuş***" şeklinde bir anlayış sizin olaylara bakış açınızı değiştirecektir.
- Gün bitiminde yaşadığınız olayları düşünerek olumsuz olayları bir daha yaşamamak için dua edebilir ve size zararı olan kişileri affetme çalışması ile günü kapatabilirsiniz. Bunun için yatmadan önceki son on dakika sessiz bir ortamda yapacağınız bir derin düşünme hali sizi bir sonraki güne daha az sorunla başlamanıza neden olacaktır.
- Bazı basit nefes hareketleri ile gün içinde gün sonunda derin oksijen alımı ile daha çabuk ruh halinizin normale dönmesini sağlayabilirsiniz.

  "***Sandalyede dik bir şekilde oturarak ya da sırt üstü yere uzanarak önce burnunuzdan on kere derin nefes alıp ağzınızdan verin. Sonra ağzınızdan derin nefes alıp yine ağzınızdan nefes verin. Bunu yaparken iyi şeyler düşünün ve sizdeki olumsuzlukların nefes verirken uzaklaştığını hayal edin.***"
- Yürüyüş alışkanlığı edinerek hem daha sağlıklı bir beden ve dolayısıyla sağlıklı bir ruh haline giden bir beden inşa etmiş olursunuz. Önemli olaylar hakkın-

da yorum yaparken ve karar verirken yürümek daha sağlıklı karar vermenizi sağlayacaktır.

- Yaşadığınız bir olumsuzluk sonrası yapacağınız bir imajinasyon ile bulunduğunuz ruh halinden olabildiğince hızlı kurtulabilirsiniz.

  "Oturduğunuz yerde gözlerinizi kapatın. Başınızın üstünde bir ışık hayal edin. Bu ışığın yavaş yavaş daire çizerek tüm vücudunuzu temizlediğini düşünün. Bu temizlemeyi zihinsel anlamda gerçekleştiğini düşünün. Beş dakika boyunca yukarıdan aşağıya doğru genişleyen ve ayaklarınızda biten bu dairenin sizin içinizdeki tüm olumsuz düşünceleri mıknatıs gibi çekerek aldığını hayal edin. Sonra bu ışık birikintisini uzak bir çöle gönderdiğinizi düşünerek çalışmayı bitirin."

  Bu tip çalışmalar çoğunlukla uygulanmakta zor gibi gözüken ama yapıldığında insanın düşünce gücü ile neler yapabildiğinin bir göstergesi olacaktır. Bu tip çalışmalar üzerine bir bardak sıvı almanız sizin enerjinizi yükseltecektir.

- Beyin sağlığı üzerine iyi gelecek besinler tüketmeye çalışın. Son yıllarda yapılan çalışmalar beynin de diğer organlar gibi nitelikli beslendiğinde daha olumlu bir zihin yapısına dönüştüğünü göstermiştir. Siz de bu konuda araştırmalar yaparak sağlam bir beyin için yatırım yapabilirsiniz.

- Sağlıklı bir beden sağlıklı bir düşünce yapısına yol açar. Bu nedenle hantal bir bedenden kurtulmak için bazı basit egzersizler öğrenerek bedeninizi daha aktif hale getirebilirsiniz. Hantal bir beden hantal bir düşünce yapısını doğurur. Bunun için esnek bir vücut sizin daha çok kan dolaşımı ile daha sağlıklı düşünce yapısına sahip olmanızı sağlayacaktır.
- Akşamları olumsuzluk içerek haber ve dizi izlemek yerine size katkısı olacak proğramlar izlemek tercihiniz olsun. Günü birli tartışma proğramları ile vaktinizi kaybetmeyin. Türkiye'de ki tartışma proğramlarının çoğu doyurucu değildir ve havai fişek gibi hemen etkisi kaybolmaktadır. Dizilerin çoğu ise gerçek hayattan uzaktır. Sizi eğlendiren komedi yapımları ve sizin seçeceğiniz filmler daha faydalı olacaktır.
- Olmamış olaylar için vehim yapmak ve olumsuz bir şekilde yorum yapmak yerine o an için sadece olmuş olanla ilgilenin. Yorum yaparak moralinizi bozmayın.
- Gelecekle ilgili kaygılarınız yerine daha olumlu hayaller kurun. Kaygı ve endişeler insanın o an için hayatı daha mutsuz geçirmesine neden olmaktadır.

"Korkularına danışanlar korkularına yenik düşerler."

İyimser insan, her felakette bir fırsat,
kötümser insan da her fırsatta felaket görür.

NASIL İYİMSER OLABİLİRİZ?

İyimser olmak elbette bir günde olacak bir durum değil. İnsanın kendi üzerinde yapacağı çalışma ve olaylar karşısında vereceği tepkilerle bir süre sonra karakteri haline gelebilecek davranışlara yol açacaktır. Bu konuda olayların olumlu taraflarını düşünerek ve kendinizi bu konuda zorlayarak dönüşüm sağlayabilirsiniz.

Aşağıda aktaracağımız bazı hikayelerle iyimserlik üzerine farkındalık oluşturmaya çalıştık.

Bir İyimser ile Bir Kötümserin Hikayesi

İyimser: Şu hayatta insanın kendisini iyi hissetmesinden daha önemli bir şey yok.

Kötümser: Pardon? Daha az önce sana her şeyin ne kadar iğrenç olduğunu söylemedim mi?

İyimser: Kendini iyi hissettiğinde içinde kıpırdanmalar olur. Bu kıpırdanmalar sayesinde o an ne istiyorsan onu elde edebilirsin; hem istediğin, hem de sevdiğin her şey senin olabilir. Ama ne zaman üzgün hissetsen kendi dünyanı kendin karartırsın. Her şeyi hiç olmadığı kadar kötü görmeye başlarsın. Halbuki kendini iyi hissetmeye çalışmak çok daha kolaydır. Kolay olduğu kadar sana getirisi de çoktur. Kendini iyi hissettiğin zaman sağlıklı olursun, önündeki seçenekler çoğalır, her şey sana çok daha parlak ve güzel görünür ve hepsinden önemlisi iyi hissetmek, kendi hayatını çizmende sana çok ama çok yardımcı olur. Sürekli kötü hissettiğine inanarak kendi kuyunu kendin kazarsın.

Kötümser: Beni hiç anlamıyorsun, değil mi?

İyimser: Seni çok iyi anlıyorum. Kendini berbat hissediyorsun; çünkü sana göre hiçbir şey yolunda gitmiyor. Ödenecek yığınla faturan var, araban bozuldu, çocukların çok yaramazlık yapıyor, patronun ve iş arkadaşların senden nefret ediyor... Hiç bitmeyen bir listen var, biliyorum. Ama ne olursa olsun, hangi durumda olursan ol kendini iyi hissetme konusunda mutlaka eğitmelisin. Görmüyor musun, bu listenin her geçen dakika uzamasının neden sadece senin kendini kötü hissetmen.

Kötümser: Hmmm... Peki sen nasıl her şey kötüyken kendini iyi hissedebiliyorsun?

İyimser: Gerçekten, içten bir şekilde kendimi iyi hissedene kadar rol yapıyorum.

Kötümser: Anladım! Yani olumlu düşünerek, kendini her şeyin iyi olduğuna inandırıyorsun.

İyimser: Bu sadece olumlu düşünmeyle ilgili değil. Biliyorsun; beynimiz, hayatımızı ve vücudumuzu etkileyen düşünceler üreten bir elektromanyetik jeneratör gibi. Ve ürettiği her yeni düşünce, bir öncekine benziyor. Haliyle kötü bir olayla karşılaştığında otomatik olarak beynin de kötü düşünceler üretmeye meyilleniyor. Sana, her şey kötüyken iyi şeyler düşünmeye veya kendini iyi hissetmeye çalışmak çok yapay ve mantıksız geliyor olabilir; ama hayatı kendi istediğin yöne çekmenin tek yolu bu!

Kendini iyi hissetmeye başlayınca göreceksin ki mucizevi bir şekilde başına iyi şeyler gelecek. Bir şekilde insanların seni daha fazla sevdiğini göreceksin, daha hızlı bir şekilde sorunlarına çözümler bulacaksın, başına gelen talihsizliklere gülüp geçmeni sağlayacak olaylarla karşılaşacaksın. Etrafındakilerin sana daha fazla ilgi gösterdiklerine tanık olacaksın.

Kötümser: Bu kadar kolay mı yani? Ben bunca zaman boşu boşuna mı hayatımı mahvettim?

İyimser: Senin için daha karışık ve zor bir hale getirmek isterdim; ama yapamam. Evet, bu iş bu kadar kolay işte! Sadece kendini nasıl hissetmek istediğine karar vermen gerekiyor. Hepsi bu!

Gerçek onu gözlemlerseniz değişebilir... Bakma şeklinizi değiştirerek her şeyi çok farklı görebilirsiniz..."
Fred Alan Wolf

İyimser Michael

Michael herkesin imrendiği biriydi. Her zaman neşeliydi ve çevresine hep olumlu şeyler söylerdi. Birisi ona nasıl olduğunu sorduğunda: "**Daha iyi olamazdım**" diye yanıtlardı. Doğal bir motivasyoncuydu.

Eğer çalışanlardan birisi işyerinde kötü bir gün geçirmişse, Michael, durumun olumlu taraflarına bakmasını söylerdi.

Michael'ın bu tarzı beni çok meraklandırdı ve bir gün Michael'a gidip sordum;

"Anlamıyorum! Her zaman nasıl bu kadar pozitif biri olabiliyorsun? Bunu nasıl yapıyorsun?"

Michael yanıtladı: "Her sabah kalktığımda kendime diyorum ki:

"Bu gün iki seçeneğin var: ya iyi bir ruh halinde olabilirsin ya da kötü bir ruh halinde, seçimini yap."

Ben de iyi bir ruh halinde olmayı tercih ediyorum. Kötü bir şey olduğunda, ya kendimi kurban olarak görebilirim ya da bu durumdan bir şey öğrenebilirim. Ben de bir şey öğrenmeyi tercih ediyorum. Ne zaman birisi bana derdini anlatsa, onu sadece dinleyebilir, ya da hayatin olumlu taraflarını gösterebilirim. Ben de ikincisini tercih ediyorum.

İtiraz ettim:

"Hayır, bu kadar da basit değil"

"Evet, bu kadar basit", Michael yanıtladı ve devam etti:

"Yaşam seçeneklerden ibarettir. Gereksiz ayrıntıları bir kenara bıraktığında her durumun bir seçenek olduğunu görürsün. Olaylara nasıl tepki vereceğini sen seçersin. İnsanların senin ruh halini nasıl etkileyeceğini kendin seçersin. Nasıl bir ruh hali içinde olacağını kendin seçersin. Hayatını nasıl yasayacağın da senin seçimine bağlıdır"

Michael'ın söyledikleri üzerinde uzun uzun düşündüm. Bir süre sonra kendi isime başlamak için işyerinden ayrıldım. Birbirimizle teması kaybettik, fakat hayat hakkında bir seçim yapacağım sırada sık sık onu ve hayata bakış şeklini düşündüm. Bir kaç yıl sonra, Michael'ın ciddi bir is kazası geçirdiğini duydum. 18 saatlik bir ameliyat ve yoğun bakımdan sonra, Michael sırtına yerleştirilmiş demir çubuklarla hastaneden taburcu edilmişti.

Kazadan 6 ay sonra Michael'ı gördüm. Kendini nasıl hissettiğini sorduğumda, 'daha iyi olamazdım, yara izlerimi görmek ister miydin?' diye sakayla karışık yanıtladı. Teklifini reddettim, ama kaza esnasında beyninden neler geçtiğini kendisine sordum. Michael yanıtladı:

"İlk aklıma gelen şey yeni doğacak kızımın sağlığı oldu. Yerde yatarken iki seçeneğim olduğunu düşündüm. Ya yaşayacaktım, ya da ölecek. Ben yaşamayı tercih ettim."

'Korkmadın mı? Bilincini kaybetmedin mi?' diye sordum. Michael yanıtladı:

'İlkyardım görevlileri bana düzeleceğimi söylediler. Fakat hastaneye getirildiğimde, doktorların hemşirelerin yüzlerindeki ifadeyi görünce gerçekten korktum. Gözleri adeta benim öldüğümü haykırıyordu. O anda birşeyler yapmam gerektiğini anladım'. 'Ne yaptın?' diye sordum.

Michael yanıtladı: 'İri cüsseli bir bayan hemşire bana sürekli sorular soruyordu. Benim herhangi bir şeye karsı alerjik olup olmadığı mı? sordu. 'Evet, yerçekimine karşı alerjim var' diye bağırdım. Gülüşmeleri üzerine onlara dedim ki; ben yasamayı seçiyorum.

Beni ölü biri gibi değil canlı birisi gibi ameliyat edin!'. Michael hem doktorlarının yeteneği, hem de inanılmaz tavrı sayesinde yasamayı basardı. Her gün hayati dolu dolu yasamak için seçme hakkimiz olduğunu ondan öğrendim.

Yasama olan tavır ve bakış açımız her şeydir.

Bu nedenle yarın için üzülmeyin, bırakın yarın kendisi için üzülsün. Her geçen günün kendine yetecek kadar derdi vardır'.

Kaldı ki, bugün, dün kaygılandığınız yarındır.

Hayatı yaşamın iki yolu var...

Biri hiçbir şey mucize değilmiş gibi yaşamak...

Bir diğeri; Her şey mucizeymiş gibi...

Albert Einstein

İyimser ve Kötümser İşçi

Adam yolda yürürken büyük bir gökdelen inşaatının yanında durdu. İnşaatın girişinde bir şeylerle isteksizce uğraşan bir işçi gördü.

-"Kolay gelsin!

-Bu sıcakta mı?

-Doğru işiniz çok zor.

-Bütün gün mahvoluyoruz. Bu Allah'ın belası yerde çimentoyla uğraşıp, toz içinde yüzüyoruz. Bir iki saat içinde yorgunluktan bitiyorum, sonrası bir sürü angarya, getir götür.

-Allah kolaylık versin! "dedi ve adam yoluna devam etti. Kaldırımı döndüğünde, aynı inşaatın diğer tarafında çalışan başka bir işçi gördü.

Yüzünde gülümseme, ıslık çalarak, diğer işçinin yaptığı işi yapıyordu.

-Kolay gelsin.

İşçi gülümseyerek döndü:

-*Sağol.*

-İşiniz çok zor değil mi?

-*Zor ama iyi yapıyoruz. Bu bina şehrin en büyük binalarından biri olacak ve bunu biz yapıyoruz. Kesinlikle kolay değil, ama hep beraber başaracağız. Yoruluyorum ama bu başarıya ortak olduğum için yorgunluğumu unutuyorum."*

Adam uzaklaşırken 'Ne kadar garip' diye düşündü. Aynı işi yapan iki işçi ve ne kadar farklı düşünüyorlar. Birisi yaptığı işten bıkmış, diğeri bir başarıya ortak ve mutlu.

Dış dünyanın değişmesini beklemeyin...
Çünkü değişmeyecek!..
Rüzgarın nasıl estiği fark etmez...
Farkı yaratan; Yelkeninizi nasıl açtığınızdır...
Vera Peiffer

John Ruskin

John Ruskin, ünlü bir İngiliz sanat eleştirmenidir.

Bir gün, Ruskin'in zengin bir arkadaşıyla akşam yemeği randevusu vardır.

Arkadaşı suratı asık bir şekilde gelir.

Anlaşıldığına göre, yemeğe gelirken arkadaşının göğüs cebindeki dolmakalem kırılmış ve kısa bir süre önce hediye olarak aldığı değerli bir mendilin üzerine çıkmayan Hint mürekkebi leke yapmıştı.

Arkadaşı mendili çıkarıp Ruskin'e gösterir. Kumaşın ortasında çok belirgin siyah yuvarlak bir leke vardır.

Adam o kadar üzülmüştür ki, yemeğine çok az dokunabilir ve eve aceleyle dönerken, mendili masanın üstünde unutur.

Ruskin, çıkarken mendili yanına alır.

Birkaç hafta sonra zengin arkadaşının evine bir paket teslim edilir.

Açtığında, kendisini çok şaşırtan ve sevindiren bir şekilde mürekkep lekeli mendilin harika bir sanat eserine döndüğünü görür.

Ruskin, biraz Hint mürekkebi almış ve yuvarlak lekeyi merkez noktası olarak kullanıp, bütün mendili kaplayan nefis bir desen çizmişti.

İnsanlar eğer pozitif düşünürlerse ve yaratıcı davranırlarsa, olumsuzlukları başarıya dönüştürebilirler. Ruskin, arkadaşının küçük üzüntü duvarına bir kapı açarak mutluluğunu sağlamıştı. Hem özverili davranışı ile yaşamlarını zenginleştirmiş, hem de arkadaşının sevgisini kazanmıştı.

İnsan kendi düşüncelerinin ürünüdür. Büyük düşünün ayaklarınızı ileriye ayarlayın. Başarınızı başarınıza olan dürüst ve saygılı inançla, atak bir biçimde başlatın, büyük düşünün ve iyi gelişin.

David J. Schwartz

İki Kurbağa Hikayesi

Bir kurbağa sürüsü ormanda ilerlerken, içlerinden ikisi bir çukura düşmüş.

Diğer bütün kurbağalar çukurun etrafında toplanıp, çaresiz bir şekilde bakıyorlarmış.

Çukur bir hayli derin olduğundan düşen arkadaşlarının zıplayıp dışarı çıkması mümkün gözükmüyormuş.

Yukarıdaki kurbağalar, boşuna çabalamamalarını söylemişler arkadaşlarına:

"Çukur çok derin. Dışarı çıkmanız imkânsız!."

Ancak, çukura düşen kurbağalar onların söylediklerine aldırmayıp çukurdan çıkmak için mücadeleye devam etmişler.

Yukarıdakiler ise hâlâ boşuna çırpınıp durmamalarını, ölümün onlar için kurtuluş olduğunu söylüyorlarmış.

Sonunda; kurbağalardan birisi söylenenlerden etkilenmiş ve mücadeleyi bırakmış. Diğeri ise; çabalamaya devam etmiş.

Yukarıdakiler de, çırpınıp durarak daha çok acı çektiğini söylemeyi sürdürmüşler. Ne var ki, çukurdaki kurbağa onlara hiç aldırmadın son bir hamle daha yapmış, bu kez daha yükseğe sıçramayı başarmış ve çukurdan çıkmıştı.

Arkadaşlarının ümit kırıcı sözlerine hiç kulak asmamıştı... Çünkü o sağırdı !

İnsan kendi düşüncelerinin ürünüdür. Büyük düşünün ayaklarınızı ileriye ayarlayın. Başarınızı başarınıza olan dürüst ve saygılı inançla, atak bir biçimde başlatın, büyük düşünün ve iyi gelişin.

ZAMANLA IŞIKTA YAŞAMAYI ÖĞRENDİM...

Sonsuz bir karanlığın içinde doğdum...
Işığı gördüm korktum...
Ağladım...
Zamanla ışıkta yaşamayı öğrendim...
Gün geldi sonsuz karanlığa uğurladım sevdiklerimi...
Ağladım...
Yaşamayı öğrendim...
Doğumun;
Hayatın bitmeye başladığı an olduğunu...
Aradaki bölümün, ölümden çalınan zamanlar olduğunu öğrendim...

***

Zamanı öğrendim...
Yarıştım onunla...
Zamanla yarışılmayacağını...
Zamanla barışılacağını...
Zamanla öğrendim...

İnsanı öğrendim...

Sonra insanların içinde iyiler ve kötüler olduğunu...

Sonra da;

Her insanın içinde iyilik ve kötülük olduğunu öğrendim...

***

Sevmeyi öğrendim...

Sonra güvenmeyi...

Sonra da güvenin sevgiden daha kalıcı olduğunu...

Sevginin; güvenin sağlam zemini üzerine kurulduğunu öğrendim...

***

İnsan tenini öğrendim...

Sonra tenin altında bir ruh bulunduğunu...

Sonra da ruhun aslında tenin üzerinde olduğunu öğrendim...

***

Evreni öğrendim...

Sonra evreni aydınlatmanın yollarını öğrendim...

Sonra da evreni aydınlatabilmek için;

Önce çevreni aydınlatabilmek gerektiğini öğrendim...

***

Ekmeği öğrendim...

Sonra barış için ekmeğin bolca üretilmesi gerektiğini...

Sonra da ekmeği, hakça üleşmenin...

Bolca üretmek kadar önemli olduğunu öğrendim...

***

Okumayı öğrendim...

Kendime yazıyı öğrettim sonra...

Ve bir süre sonra yazı;

Kendimi öğretti bana...

***

Gitmeyi öğrendim...

Sonra dayanamayıp dönmeyi...

Daha sonra kendime rağmen gitmeyi...

***

Dünyaya tek başına meydan okumayı öğrendim genç yaşta...

Sonra kalabalıklarla birlikte yürümek gerektiği fikrine kapıldım...

Sonra da asıl yürüyüşün kalabalıklara karşı olması gerektiği fikrine vardım...

***

Düşünmeyi öğrendim...

Sonra kalıplar içinde düşünmeyi öğrendim...

Sonra sağlıklı düşünmenin;

Kalıpları yıkarak düşünmek olduğunu öğrendim...

***

Namusun önemini öğrendim evde...

Sonra yoksundan namus beklemenin namussuzluk olduğunu...

Gerçek namusun; günah elinin altındayken;

Günaha el sürmemek olduğunu öğrendim...

Gerçeği öğrendim bir gün...
Ve gerçeğin acı olduğunu...
Sonra dozunda acının,
Yemeğe olduğu kadar,
Hayata da lezzet kattığını öğrendim...

***

Her canlının ölümü tadacağını...
Ama bazılarının hayatı tadacağını öğrendim...
Mevlana Celaleddin Rumi

Yazar Hakkında

B.Cengiz Cebe Bahar, 1979 Konya doğumludur. Üniversiteyi Selçuk Üniversitesi Uluslararası İlişkiler Bölümünde 2002 yılında bitirmiştir.

Askerliğini Eğirdir Dağ Komando Okulu ve Şırnak'ta Yedek Subay olarak tamamlamıştır.

Uzun yıllar araştırma ve sigorta sektöründe farklı birimlerde görev almıştır.

2006-2009 yılları arasında yerel bir gazetede köşe yazarlığı yapmıştır.

Araştırmacı kişiliği sonucu sağlık alanında Bio Enerji, Alternatif Tıp, Fitoterapi, Hipnoz, Nefes, Kuantum Düşünce, Psikoloji ve Bütünsel sağlık alanında eğitimler almıştır.

Yaşam Felsefesi "***Olabildiğince Sade, Olabildiğince Sağlıklı ve Olabildiğince Kaliteli bir Yaşam***" gereği öğrendiklerini paylaşma yoluna gitmiştir.

Kişisel Gelişim alanında bireysel danışmanlık ve eğitimler vermektedir.

Sağlıklı Yaşam Koçluğu olarak danışanlarına Ruh, Zihin ve Bedensel Bütünlük açısından tavsiyelerde bulunmaktadır.

Bugüne kadar yayınlanmış kitapları:

1-Kuantum Düşünce Tekniği (Kuantum Bakış)

2-Hayatınıza Katkı Sağlayacak 111 Tavsiye

3-Bakış Açını Değiştir Hayatın Değişsin

4-Huzurlu Yaşamın 33 Yolu

5-Her Şerde Bir Hayır Vardır

facebook/kuantumbakis

twitter/kuantumbakis

bcengizbahar@gmail.com

B. CENGİZ BAHAR
MADDE OLARAK ALGILADIĞIMIZ HERŞEY ASLINDA ENERJİNİN DEĞİŞİK ŞEKİLLERİDİR.
KUANTUM DÜŞÜNCE TEKNİĞİ
Tutku
ÖZEL FİYAT 9,95TL

B. CENGİZ BAHAR
huzurlu
yaşamanın
33
yolu
Tutku
ÖZEL FİYAT
7,95 TL

www.tutkuyayinevi.com

www.tutkuyayinevi.com